別在走遠後 才想起說再見

阿飛・文

悅知文化

—

我已經不太記得開始在網路上寫作的正確時間，第一本書出版是在二〇〇八年，那本書大多集結之前在網路發表的文章，由此推斷，應該是在二〇〇五年前後吧，這樣算起來我在寫作這件事情上已經持續十五年左右了。若是以人的成長歷程來看，現在應該是國三生準備面對升高中的重大時刻。

寫作也是這樣慢慢成長的，這樣說好像有點自吹自擂，我相當滿意在《只要好好過日子》之後的作品。它們不只是銷售成績超乎自己預期，而是這幾部作品跳脫了過去專注在愛情上的文章，轉而面對更多的人生課題。並不是指寫愛情的文章不好，而是想要傳遞更多關於生活的種種價值觀，還有很多重要的事物可談，像是挫折，像是低潮，像是關係。

說到關係，在我們生命中發生的那些喜悅、振奮、憤恨與傷心，誠然都與「人」有關。那個人可能是情人、伴侶，也可能是父母、家人，也許是主管、同事，或許是同學、朋友，甚至是未曾謀面的網友、陌生人。我們與這個世界的連結，也就是人與人的連結，這樣的連結，我們習慣稱為「關係」。

會碰到溫暖的人，冷漠的人，合得來的人，或合不來的人。在關係之中，參雜著緊張的部分，自在的部分，難過的部分，有快樂的部分。所謂的幸與不幸，都是受生活中接觸到的那些形形色色的人所影響，由人與人之間的關係、情感以及各式各樣的境遇所形塑出的感受。

人生就是各式各樣的獲得與失去所組成的。錯過或失去了什麼，難免會遺憾與後悔。但，或許可以換另一個方向想想，我們失去的那些人事物，其他人才能有機會擁有；而他們錯過的，我們才有機會遇見。

每個人都會遇上錯過的時候，任何人也曾遭遇到失去的打擊，認真想想，是我們的就是我們的，不會錯過，就算失去了，總有一天會再相遇的。

生命裡的所產生的價值觀、善惡對立等問題，都是在各種不同的人際脈絡交織而成。我在《別在走遠後才想起說再見》透過二十則在不同關係的故事，試圖把我們失去的或遺忘的事物找回來，即便是有些人認為那根本不重要，都想要重新找回來並且放在他們面前。比方說尊重，比方說關愛，比方說初衷。

有人說過：「人生是由故事串起，故事是在人生裡發生」。每個人都有不同的故事，每個故事都有不同的答案。其實，應該說每個故事不只一種答案，而這個答案需要由自己去探尋，由自己決定。

人生沒有固定模式。如果有，那一定是你自己的固定模式。與其他人無關。

阿飛

目錄

那些遺憾

目錄

✷那些領悟

目錄

✱那些溫暖

／謝謝／……353

「我們都是經過數不清的跌跤，才終於學會了走路。你的伸手，能夠讓一個人有助力再站起；你的鼓勵，能夠讓一個人有勇氣再爬起。」

那些遺憾

有時，我們想要尋求解答，卻未必需要一個真實準確的答案，只是企求一個說法來說服自己罷了。

平行世界

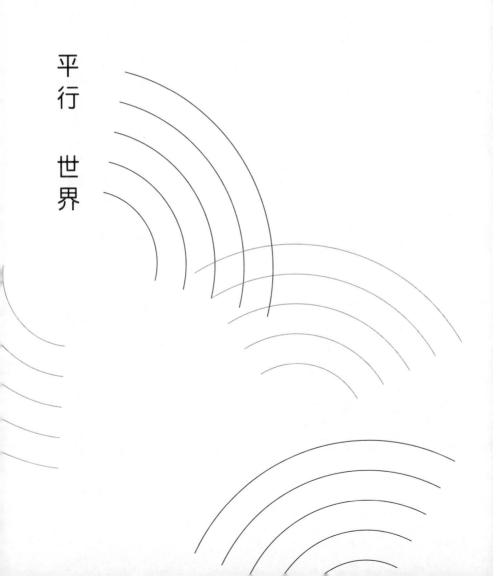

「很多時候未必相愛就能無敵。兩個很好的人在一起，他們的戀愛未必就會很好。兩個人想要的，與對方能給的，若能配合得恰恰好，這樣才會成就一段美好的愛情。」

—

有天，家裡廚房的燈突然壞了。

換燈管、換變電器，對她而言，並不是什麼太困難的事。從上大學開始，她就一個人在外生活，出社會後從青澀的業務助理踏入職涯，熬過數不清的通宵加班，撐過無數趟的飛行時差，到現在已經是背負著數千萬業績的外貿部門主管，對於應付日常大大小小的各種問題早已駕輕就熟。

她換了燈管，也換了變電器，可是測試了幾次，廚房仍然一片黑暗。雖然距離上次在家做飯彷彿已是上個世紀的事，但在廚房摸黑倒水或沖咖啡總是有點不方便，於是轉身上網找了住家附近水電行的聯絡資料，約定好隔天請他們過來檢查，看看到底是發生什麼問題。

隔天，因為某個大客戶的訂單出現了狀況，整個部門為了解決問題忙得人仰馬翻，等到她終於可以離開公司時，才想起前一天約了水電師傅要到家裡修燈。看了牆上時鐘，已經趕不及在約定的時間到家，趕緊撥電話向師傅道歉並改約時間。

「真的不好意思！」她對師傅說。

「我大概會晚四十分鐘到家，請問你的時間方便嗎？還是約改天好了？」

「沒關係啦！」師傅操著有點台灣國語的腔調回答。

「妳不要趕，慢慢來。我們約十點半好了，這樣妳也有時間粗換（吃飯），換個燈很快的。」

十點三十分，水電師傅準時抵達，是個外表白淨、看起來氣質斯文的人，不太像是自己印象中的水電工模樣，反而比較像是系統工程師。但，一開口講話就破功了。

「我想能今天換就今天換。」他說。

「不然，晚上沒有燈也很不方便嘛！」

她聽起來比較像是「能今天晃就今天晃」。那就趕快晃一晃吧。

結果，修燈的作業並沒有師傅想像中的快，因為整組燈座必須直接換新，而新式燈座的鎖孔位置跟原本舊式的不同，更換作業變得麻煩許多。

在施工過程中，兩人有一搭沒一搭地閒聊。才知道這位水電師傅年紀三十出頭，高職畢業，就跟著當水電師傅的父親到施工現場幫忙、學習，退伍後從事這個行業自認為是順理成章。他笑說，做水電工比大部分上班族的收入高，可惜很多年輕人不願意做，為了將來能跟得上時代潮流，他打算成立網站來經營，讓更多人可以找到他做水電維修工程，所以最近報名了電腦課程。

換好了燈座，她請師傅順道幫忙檢查流理臺的水管，前陣子偶爾會出現水管滴水的情形，她自己已經處理過幾次，還是無法完全修好，沒想到，前兩天又在同樣的地方發現水漬。師傅仰躺在排水管下方，手拿探照燈仔細檢查，再爬起來打開水龍頭放出大量的水，這樣的步驟反覆了幾次。

「問題出在哪裡？」她忍不住關心進度。

「問題在妳身邊沒有我。」躺在流理臺下方的師傅露出自以為風流倜儻的笑容。

通常她聽到這種話一定會賞對方白眼，但「妳身邊沒有偶」還是讓她笑了出來。

雖然說話不正經，不過在旁邊觀察，發現他做起事情倒是細心牢靠，每個步驟都不馬虎，在過程中還順便教她一點用水用電的小技巧。

「我不收妳錢！」在離開前，他鼓起勇氣對她說。

「但希望妳能請我吃飯，想說慶祝妳家廚房重見光明。」

「我可以請你『粗換』，但前提是你要收我錢。」她笑著說。

——許多人對於愛充滿想像，其實愛未必會出現在浪漫場合，它比我們想像中要務實多了。

約定晚餐的那天，他精心準備了一隻泰迪熊和一束花送給她，她嘴上取笑他又不是國中生送什麼娃娃，卻也開心收下。

之後他們約會幾次。她想，以後家裡的電燈壞了、水管塞了，應該不用再自己動手處理了。

他比過去任何一任男友都要重視她，像公主般把她捧在手裡。只要他沒有工作時，就會開著他那輛車齡十多年的TOYOTA CAMRY接送她上下班。每天最初與最後的電話或訊息都是來自於他，凡事以她為主，知道她上班忙碌從不會打擾，也不因為她加班無法陪他而發脾氣。

出去約會時，他們時常去西餐廳或咖啡館，不過，她能感覺他在熱炒店比較自在。她喜歡看藝文展覽與電影，但是他看展覽會放空、看電影會睡著。他喜歡看政論節目，因為可以邊看邊罵很紓壓，可是她對節目上那些來賓的誇張言論與語調覺得倒胃口。他們偶爾會去海邊釣魚，不過，他看著她全身包得像木乃伊出現，就猜想她應該比較想去逛街或喝下午茶。

有一次她與客戶吃中飯，飯後閒聊時，客戶問她：

「有男朋友嗎？」

「有啊。」她淡淡一笑。

「是做什麼樣的行業？」

她很想回答「干你屁事」，遲疑了一下，決定簡單回答：

「工程。」

她發現自己不敢直接說男友是水電師傅，或許是因為身邊同事朋友的交往對象通常是白領、企業主管，讓她覺得這樣跟別人不同似乎很奇怪。而她也意識到，從來沒有讓他真正進入自己的生活圈，沒有將他介紹給朋友與同事認識，連家人那邊，更是連提也沒提過。反而是他經常帶著她參加朋友的聚會，逢人就大方介紹彼此的關係，只是她一直覺得自己跟他們格格不入，而他的朋友們對她客氣恭敬，一點也不像是對待朋友，比較像是國慶日在接待外賓。他的朋友習慣講臺語，她能聽懂一點，可是不會講。他的朋友習慣海飲啤酒，她只會喝一點紅酒，但酒量不好。他的朋友聚會習慣玩撲克牌或麻將，她完全看不懂，唯一會的是「排七」。

在交往周年前夕，她決定分手。

讓她略感意外的是，對方沒有哭泣，沒有憤怒，沒有動手，沒有吵鬧，彷彿早已明白這一刻終會來臨。

「以後家裡水電有問題，還是可以打給我，不收妳的錢。」他離開前露出微笑對她說。這句話讓她落下了眼淚。

——有些愛情是充滿無奈的，並不是完全沒有感覺了，卻很清楚已經走不下去了。

有一晚，廚房的燈又不亮了，她並沒有打電話給他，而是自己搬出梯子，更換了燈管，重新按下開關，燈亮了。她卻站在原地，呆望著流理臺許久許久。

後來，透過朋友的介紹，認識了在金融業擔任要職的男人。和她一樣喜歡看藝文展覽與電影，但鮮少有時間陪她看。他沒有送她可愛的娃娃，而送了她一張實用性更高的附卡。不過，她把附卡放在書桌的抽屜裡從來沒用過它。她看著書桌旁置物架上的泰迪熊，心裡非常明白，無論信用卡額度再高都買不到她的心，可是她的心也回不去那個喜愛泰迪熊的世界。

某日，因為浴室的水龍頭故障，無法正常調整水溫，她上網找人修理，電腦螢幕裡首先躍入眼前的是一幅水電維修網站的廣告。那個網站名是她曾經熟悉的，現在看來卻像是來自另一個陌生的世界。

然後，她露出微笑。

「還好，我們都過得很好。」她在心裡輕輕對自己說。

——不管是單身、曖昧、熱戀還是失戀，全是生命中的一個階段，我們都該懂得好好照顧自己。

在漫漫生命中，總是會出現一個雖然捨不得卻必須放手讓他離開的人，並不是他不好，只是那個人不適合當時的自己。

那時的他未必會適合你，後來的你也未必會再遇見他。有人感嘆這是命運捉弄，可兩個人會決定分開，絕非無緣無故，一定有那決定性的原因，只好揮手道別。即使重新再來一遍，那個癥結打不開，心中又過不了那一關，終究還是會步向相同的結果。

是好感決定兩個人在一起，而價值觀則決定在一起的時間。戀愛是雙方共同成就的，既然是兩個人，自然會有不同面向的問題，比方說，你在意什麼，他喜歡什麼，你們在一起想要得到什麼。

這時，就會漸漸明白，兩人的關係中，懂得比愛著還重要，你或許不需要對方全部的愛，他也應該把部分的愛給予身邊的人事物，像是家人、朋友和興趣，還有他自己。你希望他懂你的，而你也了解他的。

因為懂得，彼此才能體諒，有了體諒，才有信任，有了信任，才能長久。

無疾而終的愛情，雖然有些是糟糕的結束，也有那種帶著不捨與遺憾卻不得不放手的結局。或許，我們會懷抱著那一點一點的遺憾繼續該過的日子，不過，也會像寫在水泥牆上的告白，隨著歲月的沖刷，終究只會留下淡淡的痕跡。

唯有跟過去和解，試著讓自己釋懷，才能心無旁鶩繼續向前。就算那些遺憾未必能夠成為將來愛情的養份，至少不該是你追尋幸福的拖累。

大部分的人對於愛情並不追求完美也沒有刻意等待，只是順其自然，從不強求。因為我們相信一個能夠彼此理解的、價值觀相近的、並且願意一起承擔未來的人，不是費盡心機就可以找到。經濟能力是該要求的，只要別太差就好；外表是該在意的，只要順眼就好。

——因為你很清楚，真正需要的是契合，其他的優點都是老天多給予你的幸運。

那天，她與客戶開會結束，在前往捷運站的途中經過藝文會館，一幅「泰迪熊經典特展」的看板驀然映入眼簾，她對於裡頭有些什麼感到好奇，想到接下來並沒有急著要處理的事情，便決定買票進去逛逛。

「又不是國中生，看什麼娃娃？」

她原本在「藝術泰迪熊區」專心觀賞德國藝術家設計的泰迪熊，被這句話嚇了一跳，轉頭一看，他臉帶笑容站在她身旁，雙手抱著一隻泰迪熊。

沒想到兩人如此湊巧在此相遇，她一時不知所措，隨口問他：「又要買泰迪熊送給誰？」語畢，她隨即後悔自己問了這個問題，人家為什麼買泰迪熊，要送給什麼人，已經不關她的事。

「偶想說約妳粗換的時候，也許會用得到。」他靦腆地說。
然後，兩人相視而笑。

那晚的——來電

「遺憾是因為再也回不去。但，即使能回去，卻也未必會美好。很多事，留在遺憾裡才美。」

——

接到電話時，她剛幫兒子安頓好在麻州大學的宿舍，準備帶著兒子去吃午飯，已經定居在美國麻州的大伯與大嫂推薦她大學附近一間評價不錯的餐館。

電話的那端是個女人的聲音，具有磁性卻聽不出任何情緒，訴說著一件事。原來是她認識的男人在前陣子過世了，而那男人正是女人的丈夫，因為交通事故傷重不治，語調不疾不徐，就像是醫師在宣告病人死亡一樣平和。女人還說：「考慮很久，心裡覺得應該要通知的，所以才會打這通電話給妳。」這話說完，接著進入好一陣的沉默，約是從皮包內拿出菸盒，再取出一支菸用打火機點燃的時間。

她不知道該說些什麼來回應對方，突然很想抽菸，伸手去掏皮包內的菸盒，這才想起自己已經戒菸好幾年，身上怎麼可能會有香菸。

沒想到，是那女人輕輕說了一句：「那就這樣了。」電話便掛斷了。

她瞄了手錶，電話那頭的時間將近半夜一點。兩地時差十二小時，彼此的心情或許也有不少的時差。因為她實在想不透對方有什麼必要跟自己說這件事，而且是在半夜一點，如果不是因為人在麻州，不然，她就會半夜被這通莫名的電話給吵醒。

她牽著兒子散步在校區的人行道上，八月的麻州雖是暑期，不過，當地的氣溫對於來自於亞熱帶地區的他們來說算是舒適。徐徐微風迎面而來，母子兩人偶爾會因為眼前的景物聊上兩句，不過，大部分的時間還是靜靜走著為多。

在她腦中，反覆不斷回想著那通電話，不清楚對方是怎麼知道她這個人，又怎麼會有她的手機號碼，更無法明白的是，為什麼要特地打電話給她？畢竟自己與那男人交往已經是很多很多年前的青春往事了，分手後就再也沒有聯絡過。

這樣的情形讓她想起曾經讀過的村上春樹短篇作品《沒有女人的男人們》，故事大意是某天半夜，主角接到前女友丈夫的電話，告知前女友在前陣子自殺身亡，然後主角從錯愕到開始思考失去女人的男人究竟是什麼模樣。與她現在的處境很像。就好似故事發生在現實，現實發展成了故事。

她就這樣想著想著，心中的問號持續增加。車禍過世的前男友生前是做什麼行業？過得好不好？結婚多久了？他曾經跟妻子提起過自己嗎？如果有的話，是如何跟對方介紹自己的呢？到底是什麼理由讓男人必須跟妻子提到她？而他的妻子又是以什麼樣的心情打電話給她的？

——想不透的實在太多，往往這件事還沒想清楚，下一件又接著來了。如果所有的事情都要弄清楚，人生中大部分的煩擾與辛苦都是因此而生。

思緒回到大學時期。那時，她大學二年級，男人則是她在咖啡店打工時認識的。

那是一間只有三張方桌的小店面，或許是老闆畢業自藝術大學的緣故，時常有藝文與表演相關工作者前來光顧，店內裝潢與咖啡的品味都很好，在業界小有名氣，生意算是穩定。

她在店裡當服務生，男人跟老闆是交情很好的朋友，經常來店裡坐。男人來店裡時，總會跟老闆聊一些劇團工作的甘苦，偶爾也討論角色與表演方式。當她手邊沒事的時候，就會坐在旁邊聽，他們談話的內容對她來說像是不同世界的事，非常新鮮有趣。男人大學畢業後，以專職舞台劇演員為目標，而在劇團裡工作，約有兩年時間。台灣整體環境不好，他待的是規模不大的劇團，人員編制少，每個人都得身兼多職，平時協助行政與行銷工作，排戲時要上臺表演或是支援後臺擔任技術人員，為了讓劇團生存下去，只能靠少數人力靈活編組，彼此互相支援。

她注意到男人幾乎都是穿全黑的衣褲，腰上經常掛著腰包。一次閒聊時，老闆告訴她，劇團的工作人員穿黑色是為了舞台演出時人在側臺能夠低調不被看見；男人還打開腰包給她看，裡頭有手套、手電筒、老虎鉗和瑞士刀等等用品，他說這些工具是為了工作時方便隨時可以使用。她笑說自己想像的表演工作者總是充滿藝文氣息、光鮮亮麗，現在才發現在劇團做事比較像工人。老闆也說以前在藝術大學時，同學們喜歡自嘲音樂系學生像王子與公主，而戲劇系的同學則像乞丐。

男人微笑著點頭稱是。

有一次，男人坐在吧臺拿杯子比著她，臉卻對著正在沖咖啡的老闆說：「我想跟她交往看看。」

老闆手擦拭著盤子回答：「好啊。」

然後，抬頭問了她：「好不好？」

她害羞的點了點頭：「好。」

男人又對老闆說：「我明天帶他去看舞臺劇，好嗎？」

老闆回他：「好啊。」

然後，又抬頭問她：「好不好？」

她害羞的點了點頭：「好。」

最後，三個人一起笑了。

——關於愛的告白方式有千百種，不過，擔心的卻只有一種，就是「愛情太短，而傷心太長」。

他們約會的模式每次都差不多，不是看舞台劇，就是看電影，然後一起吃飯，最後會回到男人的出租套房。有一晚，她枕在男人的臂彎裡，依偎在他胸前，男人突然說起自己會定期看心理醫生的事。

「我想這件事應該讓妳知道，從高一開始，我就定期會去找心理醫生報到。其實，並不覺得自己出現了什麼問題，而是有一些狀況發生，所以我媽和老師一直勸我去看醫生。為了不讓他們再來煩我，才勉為其難去看的。」

「你現在還有去看醫生嗎？」

「有啊，大概是一個月一次吧，去到那裡就是跟醫生說話，談談近況，談談情緒，談談想法。不過看了這麼多年，一直覺得沒什麼用處，也感覺不到有什麼變化。我自認為是用正常想法在做正常的事情，只是某些人卻覺得我做的並不正常，妳會覺得我不正常嗎？」

「不會。你沒說，我根本不知道你有看心理醫生。」

「所以，我決定下個月開始就不去了，但我認為還是要讓妳知道我有這個狀況比較好。」

「嗯，說到不正常，你唯一讓我覺得特別的是聊到表演的時候。」

「怎麼說？」

「具體該怎麼說呢⋯在談到表演時，你的心像是分裂開來似的，會出現兩種情緒與思想，我感覺自己像是跟不同的人對話。」

對話停頓了一會，男人尋思一陣，露出「可能是這樣吧」的表情回答：「或許妳的感覺沒錯，在劇團裡工作，內心總會浮現不同面向的想法，一邊的我焦慮不安擔心害怕，另一邊的我則是愉快自在。焦慮擔心的是，自己到底有沒有足夠的才華繼續表演工作，將來能不能有穩定的收入。愉快自在的是，站上舞臺時，我終於可以不是原本的自己，而能夠成為另一個人，暫時不必怨懟自己的人生。」

「可是兩邊的拉扯若沒有找到像出口的地方，只會讓自己在原地打轉。」

「好像是這樣沒錯。」

那晚的對話就到這裡結束，因為她睡著了，而且是那種很沉很沉的睡眠。

——生活有源源不絕的選擇，當然也會有等值交換的代價。

很多人會糾結自己究竟該怎麼選擇，其實大部分早就決定好了。有人習慣照顧人，有人習慣被人照顧；有人喜歡獨處，有人喜歡熱鬧；有人大而化之，有人敏感脆弱；有人感受力強，有人邏輯性好。這些喜好或習慣，將會左右每一次的選擇，也許這就是所謂的個性決定命運吧。

後來，她問咖啡店老闆是否知道男人定時看心理醫生的事。老闆點點頭。

「詳細的情形我不清楚，好像是高中時在學校發生了不好的事情，但誰沒在學生時期做過幾件自己回想起來都忍不住苦笑的蠢事呢？他是我大學系上的學弟，除了不愛跟人打交道，想法比較特別之外，並沒有造成任何人的困擾。但，也有可能我們系上都是怪人，所以見怪不怪吧？」老闆說完大笑了起來，笑完接著說：「我認為，因為表演、還有妳，讓他漸漸往好的方向發展。」

「我？」

「嗯，妳。他可能沒跟妳說過，妳是他第一個女朋友。他過去雖然有過幾次你情我願的肉體關係，可是在情感上，妳確實是他第一個對象。他繞了相當遠的路才找到這樣的一份感情，我相信妳在他心裡是特別的存在。」

「我非常驚訝。」

「我懂，我相信那傢伙也相當驚訝。」老闆帶著有點揶揄的笑容說。

交往幾個月後，男人利用連假帶她回家看他媽媽，還特地租車順道帶她去附近走走逛逛。他的家鄉是著名的風景區，該區保留著不少歷史古蹟。

他的父母在他很小的時候便離婚了，不是很特別的原因，就是爸爸有了其他的感情關係，最後選擇離開妻兒。可是，爸爸與那個對象也沒有維持太久，可能認為自己不適合家庭關係，縱使與對象分開後，也沒有選擇回到他們母子身邊。爸爸的經濟狀況不錯，至少有負起按時支付贍養費的責任，不過，幾年前因為癌症過世了。

要見男友的媽媽難免會感到緊張，雖然他媽媽是個話少安靜的人，不過，對待她的態度很友善，而且廚藝十分精湛，那一晚的美妙佳餚，根本是星級水準。只不過整場的用餐時間，為了填補男人與他媽媽的話少，她只好硬著頭皮找話題聊。一個不擅長社交的人，過於用力在對話上，自然也沒什麼心思好好品嚐餐桌上的美味料理了。

「他能帶女朋友回來，我很開心。」男人在廚房洗碗時，他媽媽對她說。

她沒有回話，只是害羞笑著點點頭回應。

「阿姨一直很想要有個女兒，男孩子一點都不貼心，他的個性又古怪，跟我不親近。我偶爾會想，如果有個女兒可以陪我聊心事、逛街，那該有多好。」

「如果阿姨不嫌棄，有機會可以找我陪妳聊聊天。」

「謝謝，妳真是個好女孩，那孩子這麼難相處，跟他交往會不會覺得很辛苦？」

「不會，他對我很好，至少到目前為止。」她微笑著說。

「那就好，那就好。」阿姨伸手過來，輕輕握著她的手說。她發現阿姨眼眶泛淚，於是另一隻手也回握阿姨的手。她明白那是阿姨開心的淚水。

她總共陪他回家看了媽媽三次，阿姨開玩笑地說，那是他搬出去住之後返家最頻繁的時期，覺得不太習慣，有點煩人了。

——性格是天生的，心意卻是可以控制的。即使是不喜交際、不

擅表達的人，只要願意表現出善意，心意自然也能被對方感受到。

雖然與他的戀情只維持了短短一年左右，可是，這之間的細節卻記得非常清楚。當時與他相處的情形逐漸從記憶深處浮現出來。

她想起他們最後一次的對話。只是當時的她完全不知道那會是他們最後一次的談話。

那天他們看完電影，從二輪片戲院走出，散步回家，途中經過她就讀的大學，校園裡有一個頗負名氣的荷花池。他們走了不算短的距離，全身已滿頭大汗，便坐在池邊的石椅休息。沉靜的池水上佈滿了碧綠的荷葉，把湖面蓋得密密實實的，一朵朵荷花緊緊依偎荷葉，在夕陽下更顯得清秀萬分。

「妳不覺得學校是無聊的地方嗎？我進去後大失所望。從小學開始，一直到大學都是如此，唯一覺得有收穫的，就是在大學裡認識了幾個有意思的人。這樣看來，如果當時沒有進大學認識了幾個有意思的人，那樣的日子說不定會更無聊。」男人望著池子淡淡地說。

「學校就是社會的縮影啊，有糟糕的地方，也有讓人開心的部分；就像會遇到有個性、有趣的人，當然也會碰到做作無聊的人。不時會發生令人搖頭的事情，也會偶爾冒出讓人開心到想要跳起來的事情。雖然不知道在學校學會的知識到底管不管用，但確實可以在裡頭體驗到一些什麼，就看我們用什麼樣的心態去看待它，對吧？」她說。

男人轉頭望著她，似乎對於她的回答有點意外，露著意味深長的微笑後，重新看向荷花池。

「妳覺得我們的相處算是順利嗎？」男人還是望向荷花池，但口氣卻是問她。

「好奇怪的問題哦。」她用困惑的表情看著他。

「我想自己與任何人的相處，都無法像對你那樣擁有如此輕鬆自在的心情。每次跟妳分開後，好像心中有什麼地方被堵塞住，非常不舒服。可是，心裡也會有想要去發掘更多不同的欲望，想去接觸更多人事物、追尋自己的更多可能性，那樣的心情是怎麼都壓抑不了的。」

「我好像有一點了解你想要表達的，先不管我是否了解，壓抑自己這件事，無論在任何狀態下都是不對吧，當累積的額度滿了之後，就會有崩塌的時候。」

「我內心崩塌的時候，好像特別多。」男人苦笑。

「或許吧，但那應該不是多寡的關係，而是強弱的問題。」

男人點了點頭說：「嗯，這是我自己該面對的問題。」

「我可以陪你，我們一起面對。」她看向男人，他則繼續眺望荷花池若有所思。

他像是想起了什麼，轉頭微笑對她說：「無論是選擇在一起，還是決定分開，都是為了找到想要的幸福，不是嗎？」

「從好的面向看，是這樣沒錯。」她答。

——**我們總是習慣去追求自己缺少的，而無視與生俱來的。有時，在追尋的過程中，連自己僅存的也會不小心弄丟了。**

在那次見面的幾天後，男人就消失了，沒有任何前兆。

他的住處保持著好像有人還住在那裡的模樣，只有衣櫃裡少了一些衣物，房裡還存在著那個人的氣息似的。劇團那邊也什麼都沒交代，人突然就不出現了，還好那時候是比較不忙的空檔。她感到非常難過，原來自己可以這麼簡單就被人丟下。帶著這樣的心情根本無法去咖啡店打工，她打電話向老闆請假，結果，老闆說他有接到男人的電話。

「他人在哪裡呢？」

「沒說，只說會離開一陣子。」

「出國了？」

「好像是，他說有自己該面對的問題，或許離開這裡遠一點比較好。」

「他有什麼話跟我說嗎？」

「他請我告訴妳，要找到想要的幸福。」

「我想請假。」

「一個星期夠不夠？」

「謝謝老闆，我想三天就足夠了，不夠再跟你說，再見哦。」

三天後，她開始正常打工。那個人有自己該面對的問題，而她也有雖然微小、但沒什麼好抱怨的世界需要維持，即使心裡感覺有個洞，即使在學校時還會避免經過荷花池，即使偶爾會為了一些生活小事莫名其妙掉淚，她也都設法讓自己好起來。

——通常不是自己想要選擇堅強，只是現實讓我們不得不逞強。

將兒子在麻州的一切安頓好，到大伯家向他們夫婦道別，順道請他們照顧隻身在這求學的兒子。晚些時候，她打了通電話給人在歐洲出差的丈夫，跟他報備一下已經把麻州的事情處理妥當，便獨自搭機返回遠在世界另一端的家。

回到住處的華廈時，打開信箱將累積數日的信件取出，大部分是帳單與廣告信，不過，其中有一封是用牛皮紙質的標準信封而引起她的注意，一看就知道與一般的制式帳單信封不同。

她回到百坪空間卻空無一人的家，先打開窗戶讓室內通風換氣，立刻著手整理行李箱的衣物、用品與伴手禮，將該清洗的與該歸位的都處理好後，替自己沖一壺花草茶，坐在沙發啜飲一口後，從桌下的收納櫃拿出拆信刀，拆開牛皮信封。信封裡有一張紙條，還有另一個信封，這個信封從外觀狀態看來，好像被靜置在長久的歲月裡，泛黃紙張留下了一些痕跡。

紙條上寫了三行字，字體娟秀，沒有署名：「這封信是在整理丈夫物品時發現的，不知什麼原因沒有交到妳手上。祝好。」

她拆開信，有點訝異，裡頭是前男友的母親寫給她的信。

冒昧寫這封信給妳，我想應該會讓妳覺得困惑吧？

今天做好水餃要分送一些給鄰居時，突然想起了妳，因為妳說過喜歡吃水餃，還說阿姨做的水餃特別對妳的味，所以留了一點寄給你們，而阿姨也剛好有些話想跟妳說，就順道寫了這封信。

最近我感覺到那孩子變了，是往好的方向，像是心房有稍微打開了那樣，說話變得客氣一點、開朗一點，打電話回家的頻率變多了，似乎也開始懂得關心別人，懂得在意身邊的人的感受，而不再只活在自己的世界裡頭。

我明白這一點一點的轉變都是因為妳，我要謝謝妳。因為妳的出現，讓我又能重新感覺有他這個兒子存在真是太好了，而妳能夠成為我兒子的女友真是太好了。

那孩子雖然沒說，但是我都明白，他想要盡快在工作上做出一點成績，他不想被親戚在背後說風涼話，希望可以讓我能夠在親友間揚眉吐氣。其實，我根本沒關係，為人父母，沒有什麼大願望，不奢望兒女有什麼大成就，最想要的，只是小孩能夠平安健康、順利開心的過日子。

我的身體越來越差了，爬沒幾階樓梯就感到吃力，走沒多遠的距離就喘不過氣，最近經常會突然頭昏目眩，也不知道自己還剩下多少日子，什麼時候會離開。但我看得很開，現在最讓我放不下的只有那孩子而已。萬一我突然走了，請妳好好照顧他，我知道他個性怪、不成熟、難相處，不過，他是個善良單純的孩子，我不敢說和他在一起會幸福，但至少他不是那種會帶著惡意、存心欺騙的人。

我明白兩個人有緣能碰在一起，但最後有沒有情份走下去，沒有人可以肯定。這不是誰負了誰的問題，只是彼此的步調是否能走到一致。我想，這些也要等你們年紀再大一點才能體會吧？如果有一天，你們真的無法再走下去了，雖然很可惜，那也無所謂，我希望妳能明白，我永遠會把妳當成女兒，只要妳不嫌棄，隨時可以來看阿姨，我會替妳煮一鍋水餃。

或許不管阿姨寫了什麼都無法改變。不過，讓我紓發心情也滿好的，謝謝妳。

看著信末的日期，那是在男人不告而別一年之後，看來當時他並沒有告訴阿姨兩人已經分開的事，難怪阿姨會寫這樣的信來。幾年前，她與咖啡店老闆巧遇，閒聊敘舊時得知阿姨多年前已經過世，男人還為此短暫回家一陣子。

她看完信後百感交集，在心裡默默對阿姨說：「很抱歉，我們沒有走到最後，辜負妳的期待了。現在妳應該和兒子在一起了？你們不用擔心我，我過得很好，有一個很乖的兒子，以及一個雖然沒什麼時間陪我，但至少讓我生活無虞的老公。日子雖然有點寂寞，可是我仍會把每一天過好，讓自己更好。請妳放心，謝謝妳對我的好。」

她慢慢把杯裡的茶喝完，將信收好，拿起電話，打給自己的媽媽，這陣子忙著處理兒子留學的事情，已經好久沒有跟媽媽好好說話了。

貓——離開之後

「有些人選擇放下一切，往往是因為放不下某個人事物。」

—

八丁是趴在他最討厭的外出用提籃裡離開我們的。臨走時，那一聲長長的、痛苦的哀號，聽起來像是用盡他生命最後一口氣，來表達對我的抗議與憤恨。

八丁是隻公貓，十三歲了，黑白相間的毛色，鼻子與嘴巴旁邊有一塊大大的黑色胎記，像極了早期臺語連續劇裡經常會出現的臉上有顆三八痣的甘草角色，那也成了我替他取名的由來。

現在回想起來會覺得奇妙。這世界究竟有多少個公園，又必須算出多大的機率，才能讓一個人與一隻貓在那裡相遇，並且開始共度生活。

他剛出生沒多久就被人遺棄在市區的小公園裡，偶然經過才發現到他，應該說不發現也很難，因為他的叫聲實在太洪亮，附近是寧靜的高級住宅區，我擔心他再那樣繼續叫下去，很快就會因有人舉報而被抓走，看著他奮力求生的模樣，於是決定帶他回家。

在收養八丁之前，家裡已經有一隻大他兩歲的三花母貓，名字叫「咕嚕」。他們倆在性格上明顯不同，一隻穩重，另一隻好動；一隻乖巧，另一隻調皮；一隻優雅，另一隻粗魯。八丁向來是比較不討喜的那隻。

除此之外，八丁還有咬衣服、毛巾或抹布玩的壞習慣。下班回家時，經常會發現原先在衣籃裡的待洗衣物，全都被他挖了出來，然後散落在客廳各處，內衣橫躺在門前，長褲倒臥在餐桌旁，襪子和內褲則在沙發上奄奄一息，宛如慘絕人寰的命案現場。後來，我認清八丁已經咬布成癡，看來這習慣是戒不了，怎麼阻止都沒用，完全無可救藥，只能做到盡量不要讓他輕易得逞。

站在遍佈髒衣物的案發現場中，無力地看著這一片狼藉，有天實在忍不住向他抱怨：「若你讓別人家收養，肯定會被丟棄的，要不是我發現你，還有誰能夠忍受你這種壞習慣？」

——很多人認為親情是來自血濃於水的關係，但，親情也會從各種關係延伸，深入於生活中的相互照料、依賴與信任。

兩隻貓不常出門也不愛出門。若一定要外出，不是去洗澡、修指甲，就是去診所就醫，但這些都是他們深惡痛絕的事情，尤其是八丁，他特別厭惡，厭惡到動物醫院的美容師不得不施打麻醉針才能讓他乖乖洗澡。

我們可以因為非常喜歡某些人事物而愛屋及烏，進而喜歡與之相關的人事物；相對的，也會因為極端討厭某些人事物而殃及池魚，跟著討厭起相關的人事物。八丁因為討厭就醫與洗澡，十分不愛外出，也因為討厭外出，也就跟著痛恨起那個專門帶他外出用的寵物提籃。因此，每當我拿出提籃時，他們一看到就會立刻拔腿就跑，躲得遠遠的。每次要帶他們出門就像在挑戰某個綜藝節目的整人關卡，雖不累，但也無奈到讓人翻白眼。

八丁被診斷出罹患腎病之前，已經兩三天不吃不喝也不上廁所，原以為只是便秘的老毛病又發作了（曾經有過類似情況，後來診斷出是便秘），帶他去給醫生檢查，完全沒想到醫生會宣告，要我們做好心理準備，他的生命只剩下幾個月，甚至更短，或許只剩幾個星期而已。但，怎麼可能做好準備？才幾天前，他還在家裡橫衝直撞的，壯得像頭牛似的活蹦亂跳。

然而，八丁並沒有給我們太多時間做好準備。

那天是星期天也是聖誕節。吃完早餐後，女友出門上舞蹈課。窗外灑進暖暖的正午陽光，一點都不像是冬季該出現的氣溫，麻雀與野鴿的叫聲交替著傳進屋內，是個適合遠行郊遊的日子。因為八丁不吃不喝，醫生替他裝了餵食器，我在房間裡替他餵完水不久後，便突然出現呼吸急促與氣喘的異常狀況，在擔心與慌亂之中，我趕緊將他抱進提籃裡，雖然他的身體已經孱弱不堪，依然不斷掙扎，抗拒進入提籃，但他已經沒有可以與我抗衡的體力，只能「喵嗚」一聲，被我硬塞了進去。空出手急忙地找尋電話來連絡醫院。

八丁在提籃內用力喘著氣，可以感受到他正處於生死交界處，原來生命的重量可以沉重，卻也如此輕微，我的全身都在發抖，眼前的一切毫無真實感。

撥打電話的手微顫，可以聽到話筒裡接通的聲音，但就是沒人應答，或許是假日休息的關係；於是，立刻掛掉電話撥打計程車的叫車專線，螢幕上的圓圈轉啊轉，就是搜不到可以來接的車。正打算重撥動物醫院的電話時，八丁突然發出一聲長長的、痛苦的哀號，身體抽搐了幾下，就躺在最討厭的提籃裡再一動也不動了。

低頭看著他在提籃內的模樣，我想稱不上是安詳離去。

——或許，我們並不害怕死亡本身，真正害怕的是再也不能相見了。

我想著，八丁就算成了天使，依他厭惡提籃的程度，絕對不想讓自己的身體繼續躺在裡頭。於是在家裡翻找出一個狀況還不錯的紙箱，鋪了他最中意的、經常咬來玩的毯子，然後將他移到紙箱內，再灑進一點點他喜歡的貓草，最後傳了訊息給女友，通知她八丁已經離開。

意外的是，在這整個過程中我一滴淚都沒掉下來，或許當下的傷心是無法用眼淚這種形式可以表達出來的吧？直到女友回到家抱著紙箱痛哭，像是情緒被牽引著，這時的我才終於哭了出來，一發不可收拾，久久不能自己。

當天就把八丁送去火化，把裝了骨灰的罐子帶回家，暫時先放在電視旁的矮櫃上，打算找個適當的地點再讓八丁回歸自然。在送去火化的路上，女友一直傷心地哭著，我只是默默握著她的手。「不要難過了」或「沒事了」那些安慰的話我全都說不出口，因為我連自己都說服不了，怎麼可能有辦法安慰她。

當天半夜，咕嚕一直喵喵喵叫著，吵得讓人無法入眠，她過去從來不曾發生過這樣的情形，從她的叫聲中，我能感受到孤單與想念的情緒。原來，不只是人與人、人與貓，其實貓與貓之間的羈絆都如此之深。

八丁離開後，咕嚕在半夜喵喵叫的情形一直持續著。有時，吵到我不得不起床安撫她，也詢問過醫生，還嘗試過幾種方法都無法有效改善咕嚕的癥狀，於是女友打算找寵物溝通師來試試看。我個人是對寵物溝通師抱持著懷疑的心態，因為他們並不會說狗語或貓話，而是看著照片或透過視訊就能「溝通」，基本上跟通靈是差不多的意思，用這種方法得到的答案究竟能有多少參考價值？

——悲傷，並不是表現給大家看，這世上沒有任何人可以真正理解另一個人的悲傷，我們最需要的，是替悲傷找到出口。

某天半夜，不確定是幾點鐘，不知怎麼的我醒了，離開枕頭撐起上半身，看到八丁壓在我兩腿之間的棉被上，縮成一團睡得很舒服的模樣，可以感覺到他節奏平緩的呼嚕呼嚕的氣息。我伸手撫摸他，感受他軟軟的、黑白色相間的短毛下的溫暖，以及手掌那小巧可愛的肉球。八丁因為被撫摸而醒來，悠然伸個懶腰，用前腳理一理臉上與身上的毛。

「喵～你不要再難過了，更不要內疚哦！」

八丁突然看著我說話，讓我大吃一驚，但在我做出反應之前，他又接著說了。

「你把我和咕嚕照顧得很好哦，我一直過得很自在、很幸福，謝謝你每天早上都把貓砂盆清得非常乾淨，我喜歡用乾淨的貓砂盆上廁所。還有，謝謝你包容我的調皮，其實我明白自己做的有些事會讓你們感到苦惱，不過我就是忍不住想做啊！喵！喵！」

我發現八丁雖然在對我說話，但是嘴巴並沒有動。難道，這是心電感應嗎？

「對不起，在最後的時刻，我沒讓你待在床上好好離開，而是強迫你在最討厭的提籃裡，你一定很難過、很不舒服。」我想對他說的話，終於有機會說出口了。

這件事自從八丁離開後便一直卡在我心裡。

「我不是說不要內疚了，雖然我真的不喜歡待在提籃裡，不過，我很清楚你是為了要救我，我才沒有你想像中那麼小心眼啊！喵！」

「那就好、那就好，你沒有在意就好。」說著說著，我的眼淚撲簌簌地流了下來。

「現在的我，已經不再感到痛苦了，請你放心，別擔心我，你現在該在意的是咕嚕哦，喵！」

「嗯，我知道。」

「你別看咕嚕平時好像很穩重、安靜，她其實是很容易煩惱也很需要人陪伴哦！喵～」

「好，我會注意的，有空就會盡量待在家裡陪她。」

八丁站了起來，尾巴搖晃了幾下，對我喵了一聲，然後輕盈地縱身一躍，跳下床去。我探頭往床邊看，已經不見他的蹤影。我還來不及問他以後要去哪裡、會過著什麼樣的生活。

從睡夢中醒來後，我發現眼角濕濕的，窗外的天空已透出微微白光，感覺精神還不錯，這才發現咕嚕難得沒有在半夜吵，終於能好好的睡一場覺。八丁真的回來過，還陪伴了咕嚕一整晚。我內心是這樣認為的。

——悲傷從不曾真正離開，它只是轉化成其他形式存在，比方說想念，比方說遺憾。

之後，女友還是決定找寵物溝通師詢問咕嚕的問題，我也不再反對。人的情感是極其微妙的心理邏輯，與午休時要不要用五十元買一杯手搖飲料是完全不同層面的事。也許，能夠聽到八丁與咕嚕的任何想法，並將自己的心意藉由某種方式表達出來，無論結果到底是真是假，已經沒有那麼重要了，對我們而言，單純只是內心需要某種慰藉與紓發的管道吧？

有時，我們想要尋求解答，卻未必需要一個真實準確的答案，只是企求一個說法來說服自己罷了。

如果過於執著什麼，往往就會被什麼蒙蔽了自己的思考；如果過於在意誰，常常就會被誰影響了自己的判斷。放下不容易，卻值得努力。

不管是什麼方式，只要有機會讓自己放下心中那些執念或悲傷，絕對值得嘗試。

唯有放下那些執著，卸下內心那些重石，才能好好繼續向前走。放下罣礙，解開情緒的束縛，才能重新展翅飛翔。或許，一時之間無法做到，也沒關係，就再給自己一點時間與空間。

最終，我們一定會找到解開心結的開關。無論失去什麼，千萬不要失去對人生的信心。

一切都會變好的。

無法控制

「『天下無不是的父母』是全世界最自以為是的一句話。因為往往傷害孩子最深的人，就是他們自己的父母。」

「家，是每個人值得依靠的地方；家，是每個孩子成長的搖籃，更是每個孩子棲息的港灣。」

這是好久以前在網路上看到的一段話。家，確實給予許多人溫暖、保護與支持，但並非所有人都能理所當然地得到這樣完美的避風港，事實上，不少人並沒有那麼天經地義地享有這些庇護。更甚者，家，還是某些人的人生風暴的起始點。

珍珠與老公原本是同事，他們皆任職於國際知名的科技企業，她在行銷部門，老公則是在業務部門，兩個人的工作表現十分出眾，都是倍受公司期待的未來之星。起初是一起合作了幾個非常成功的專案，過程中日久生情，進而開始交往，老公還被同事們笑說他做了史上最成功的案子，不只賺了業績，連老婆都賺到了。

周遭的同事親友們都說他們兩人是絕配。老公風趣幽默，為人海派，身段又柔軟，擅長協調；珍珠則是有條不紊，要求細節與績效，嚴格控管流程，做事令人放心，只是有時會一絲不苟到讓人喘不過氣。

他們感情發展迅速，交往周年後就決定步入婚姻，攜手邁向人生新的階段。婚禮宴客那天，冠蓋雲集，席開百桌，連難得出席員工喜宴的集團執行長都到場了，有長官贊助宴席的美酒，有客戶贊助表演樂團，不同時期的同學也各自準備了惡整新郎節目，不少桌的朋友們追著新郎敬酒，由此可見珍珠老公的好人緣。

婚後兩年，珍珠懷孕了，不過在得知的當下，她的心情是矛盾的，既開心卻也擔心。只因手上還有兩三個專案正在進行著，那都是投注了不少時間與精神的心血。若請了產假，那些案子就無法在自己手上完成，還會增加同事們的工作量與困擾；若是為了照顧孩子而請育嬰假，更擔憂離開職場一陣子後，自己能不能恢復到之前的工作水準，還能跟得上大家的工作步調嗎？

之前她見過其他部門的同事經常為了在托兒中心臨時出狀況的孩子，不得不請假回家照顧，也因為次數太過頻繁，最後被主管冷凍起來，再也沒有接到重要的任務。

那些擔憂在珍珠懷孕期間一直在她心中縈繞不去，好強的她卻從未跟任何人說過，連老公與媽媽都不知道。她不想讓主管與同事覺得自己懷了小孩而在工作上有什麼不便，也不希望自己被差別對待，於是她比懷孕前對工作更投入、更認真，即使到羊水破了即將臨盆，她還在會議室跟同事開會討論專案進度。

當護士將寶寶抱到身邊給珍珠看時，她並沒有感動落淚，反倒是感到新奇，雙眼睜得大大的，一直盯著孩子看。她心中想著：「原來住在她肚子裡九個月的寶寶是長成這副模樣呀！」明明在哇哇大哭，哭得震天價響，聽起來卻是世界上最動人的聲音。

她看著眼前放聲大哭的寶寶，自己那時並沒有意識到讓她與任何困難戰鬥的勇氣因此而生。珍珠原本累積在內心的不安與憂慮，就在女兒姿佑誕生後不久就完全煙消雲散了。

——我們之所以擁有決心與勇氣，全是因為有了一個真心想要守護的人事物。

對珍珠來說，要工作又兼顧小孩確實跟想像中一樣辛苦與艱難，幾乎等於是兩倍的工作量與時間。

老公在女兒出生後那年便決定離職創業，在公司草創時期並沒有多餘心力幫忙照顧女兒，就算珍珠能力再好，她也只有一個人，每一天就只有二十四小時，在這有限的時間內，她完全耗盡所有心力，難免偶爾會感到身心俱疲，可是她從來不喊苦，只想要給予女兒最好的照顧，更不想辜負公司對她的期待。

她知道大家對自己總是充滿欽羨與佩服，自然也希望能夠把工作與家庭都經營得很成功讓大家讚賞。

但，無論工作與家庭都不是一個人拼了命去努力就能成功。

某天，她發現丈夫外遇了，而外遇的對象居然是在他們婚禮時獻唱祝福歌曲的樂團歌手。原來他們在婚禮前早已認識。女生經常在客戶的活動現場上表演，珍珠的老公因為參加某次發表會因客戶引薦而認識對方，兩人於是有了交集。珍珠試圖找那個女生談，但對方避而不見，她老公在外遇被發現後反而變本加厲，經常晚歸，甚至好幾天不回家，無情的態度讓珍珠感到心寒，珍珠不懂自己為了家庭付出那麼多，為何換來如此不公平的對待。

最後，丈夫提出離婚的要求，可是珍珠不甘心，認為自己鞠躬盡瘁，為工作家庭兩頭燒的時候，那對男女卻背著她偷期暗會，還敢大言不慚的要她接受事實。為何自己要承受痛苦，而去成就他們的快樂，因此，不願輕易成全，後來她老公乾脆就不回家了。

夫妻分居一年多，珍珠才想開。放手並不是成全他們，而是放過自己，為了讓生活重新開始，於是她簽字離婚，得到女兒的監護權，那年姿佑五歲。

姿佑成為單親小孩，對於珍珠來說，並沒有太大的差別，本來就是她一個人照料姿佑的。離婚後，她希望母女兩人的生活可以過得更好，不想讓那個負心漢獨自快活，更不想讓那些等著看她笑話的人得逞。於是，她把工作之外的全部心力都投注在姿佑身上，不希望女兒因為沒有爸爸而輸人一等或被看不起，因而格外重視教育品質，並且嚴格控管女兒的生活起居。

珍珠想方設法讓姿佑進入名校就讀，找最好的家教，就是要讓女兒擁有最優質的學習環境。她不讓女兒聽流行音樂，只因她討厭任何會唱歌的人；她不讓女兒看電視，因為那些時間該拿來看書不該浪費；她不讓女兒吃速食、零食，只能吃她認為有營養的食物；她還會控制女兒跟同學的外出遊玩的時間，不能讓一時的放縱，影響了女兒的前途。

而珍珠最常對姿佑說的話，就是「乖，媽媽都是為了你好，我希望妳將來能夠過好日子，能夠出人頭地，替媽媽爭一口氣。」不然就是「要聽媽媽的話，媽媽只剩下你了，如果你不聽話，媽媽的人生還有什麼希望？」

——「都是為了你好」似乎令人難以反駁；但，接在這句話之後的，往往是任何自以為是的、傷人的、不負責任的話語。

姿佑一直表現得很好，很聽珍珠的話，讓她感到欣慰，畢竟要邊照顧女兒邊工作，這樣的生活實在累人。看到女兒對自己的回饋，至少她對女兒的愛並沒有白廢，不像之前自己努力付出卻沒得到丈夫應有的回報。

姿佑一路保持著傑出的成績，從高中到大學都是就讀人人稱羨的名校，按照媽媽期盼的道路前進著。珍珠升上部門主管，工作更加忙碌，可姿佑從不曾讓媽媽操心，懂得照顧自己，還會準備晚餐留給加班晚歸的媽媽。同事與朋友總是說珍珠好命，有這麼乖巧懂事的好女兒。姿佑大學畢業後，繼續攻讀博士班，最後取得雙博士學位。

珍珠的親友們只要提到姿佑，雖難掩忌妒神情，也不得不稱讚，只能對著自己的兒女說「看看人家姿佑這麼有出息，你自己是不是也該加油？」女兒的優秀，讓珍珠覺得不枉費她多年的苦心，終於可以揚眉吐氣。

之後，姿佑進入一個半官方機構擔任研究員，待遇與福利都很不錯，女兒的人生似乎在媽媽的照料與引導之下有了良好的發展，珍珠心想接下來需要費心的，就是替女兒找到一個好歸宿了。

珍珠開始著手替姿佑物色適合的對象，安排相親，起初姿佑還願意配合媽媽的心意，幾次之後便開始抗拒珍珠的相親要求。姿佑從小到大，生活上的大大小小事情都聽從媽媽的指令，大至人生規劃，小至三餐內容，凡事都以珍珠的意見為主，唯獨結婚對象這件事她說什麼都不願意順從。

姿佑對媽媽柔聲的說：「結婚又不保證幸福一輩子，我有媽媽就很幸福了。」

縱使聽到女兒這番話固然開心，可是珍珠心裡明白自己不可能陪著姿佑一輩子，終究還是希望女兒能有個好歸宿，有個優秀的男人可以幫自己好好照顧女兒。因此，依舊不死心的想替女兒找到好對象，只要看到不錯的人選就會要求姿佑試著跟對方見面。

珍珠：「只是見個面，聊聊天，多交朋友也沒什麼不好啊！」

姿佑：「媽，我如果想要交朋友，自己會去認識的。」

珍珠的聲音開始大聲：「媽媽都是為了妳好，我幫妳選的肯定都是條件很好，聽媽媽的話準沒錯。」

姿佑堅決的說：「我不要。」

珍珠開始歇斯底里：「妳現在長大了，是不是就不想聽媽媽的話了？可以看到妳嫁人是媽媽現在唯一的願望，難道要等媽媽老了、死了，妳才甘願結婚？還是打算讓妳媽死不瞑目？」

姿佑無奈的說：「我又不是這個意思，幹嘛要這樣講，妳要我去，我就去！」

最後，這個約姿佑並沒有去成。

——之所以不快樂、不自由，往往是來自於各種關係的牽扯、索討與付出。

幾天後的晚上，珍珠下班回到家，家裡一片漆黑，打開燈後，發現餐桌上沒有姿佑準備好的晚飯。她對著房間叫著女兒的名字，卻沒有應聲，走近房門再喊，還是沒有應聲，她想打開門查看時，發現鎖住了。

她直覺情況有異，用力拍打著房門，大喊著「姿佑，妳在裡面嗎？快開門啊！」聲音夾雜著恐懼的情緒，可是房內依然沒有任何動靜。珍珠全身發軟、心跳加速，從有記憶以來不曾如此慌張、害怕過，她趴在地下試圖從門縫查看房內的情形，但是只有深深的黑暗什麼都看不到。珍珠趕緊進自己房間的置物櫃拿鑰匙來開門。以前她總是會趁姿佑不在的時候，用備份鑰匙進去女兒的房間偷偷檢查，她知道這樣的舉動對女兒不尊重，不過，她總會用「我是為了女兒好」來說服自己，把自己的行為正當化。

珍珠在慌亂之中打開房門卻不好推開，原來門縫被膠帶封住了，地上有一組還在冒著煙的烤肉用炭爐，她立刻想起新聞台時常在報的燒炭自殺，著急的打開所有窗戶。而姿佑躺在床上，看起來就像是安然熟睡的模樣，她一邊大哭，一邊試圖叫醒女兒，可是任由她怎麼哭喊，姿佑就是沒有反應，她急忙地打電話報警求救。

急診室外，珍珠一人焦急等待，不斷祈求上天，希望姿佑能夠平安無事。

她從口袋拿出信來，那是她在救護人員準備將姿佑帶離房間時，在書桌上看到的。空白的信封，沒有署名給誰，但她知道那應該是寫給她的，於是趕緊把信收起來，便隨著救護人員上車到醫院。

她從信封內取出折得整整齊齊的信紙，上面是女兒娟秀工整的字跡

——

媽媽，

對不起，我讓妳失望了。

自從爸爸離開後，我明白妳為了我而犧牲很多，付出很多時間、精神，還有金錢，妳為所我做的一切，我心存感激。我也期望自己能夠回應妳所給予的全部，所以從小到大我都盡量聽從妳的話，盡量達成妳希望我做到的事情，只因我希望媽媽會開心、然後以我為榮。

可是，那樣的我並不是真正的我。其實，一直以來我過得很不開心，每天都處在壓力與痛苦之中。

媽媽，妳應該不知道我以前在學校被同學嘲笑是怪胎吧。

同學們每次約我出去玩，我總是拒絕他們，其實，我好想跟他們出去玩。想要跟他們去唱歌，想要跟他們去逛街，想要跟他們去看電影。久而久之，大家都認為我是怪人、是個自以為清高的人。妳連唯一一次的畢業旅行也不肯讓我參加，妳知道嗎？全班只有我沒參加，我連最後一次留下美好回憶的機會也被妳剝奪了。

妳在乎的，永遠只有我的成績。只要考試的名次稍微往下掉，妳的眉頭就會皺起，然後表現出我竟然讓妳如此失望的神情，每每都讓我感到愧疚萬分。大家所熱愛的學生時代，我卻連一點快樂的回憶都沒有。

大學畢業後，我本來想出國讀心理學，可是妳希望我讀比較有前景的電機工程，我知道妳想把我留在妳身邊，所以我放棄了，因為不想看到妳不開心。從小我就知道，因為爸爸的離開，自己必須和媽媽站在同一陣線，不然就是叛徒。只要不聽媽媽的話，就是一種背叛。

我的心情一直被媽媽的態度左右著。「我是不是很糟糕？」「我這樣做對嗎？」「媽媽會不會不開心？」每一天都在自我懷疑中度日。

學業與工作都照著媽媽的意願走，我告訴自己，媽媽是為了我好，沒有關係的。只是，後來連我的交往對象也要干涉，我明白妳是真心希望我幸福，才會千方百計要我去相親，我也試著讓自己配合，至少做個樣子也好。可是，感情這件事我越發無法這樣說服自己，不想連這也被妳控制著，我不敢告訴媽媽，其實我喜歡的是女生，我是個同性戀。

我想媽媽應該無法接受這樣的我，因為這樣的我一定會讓媽媽感到失望與挫折吧？想到這裡，我又有了很深的愧疚與罪惡。

媽媽，請妳原諒我，我最終還是無法達成妳的期望。

姿佑

珍珠讀到最後，在急診室外放聲大哭，沒想到自己口口聲聲為了孩子好，最後卻把孩子逼到絕境還不知。

——會控制別人的人，往往無法控制自己；被別人控制的人，卻往往控制著自己。我們可以控制行為，感情卻永遠無法被控制。

姿佑的故事不斷在我們的社會上輪播，人物角色不同、情節有所異動、結局也有些改寫，但問題的本質卻是相同的。

從小不斷被父母灌輸上一代的觀念、被長輩用情感扣緊的孩子們，好像擁有自己的想法是相當不對的事。因為父母總是展現出為了孩子無怨無悔的付出，好像沒有了他們的付出就沒有下一代，使得孩子們的內心永遠虧欠父母，也把聽從父母視為天經地義的事。

事實上，只要面對親緣關係與情緒勒索，我們多半是感到束手無策。面對朋友，我們可以選擇不相來往；面對情人，我們可以選擇分手；可是，一旦面對生養自己的父母，有辦法說斷絕關係就輕易斷絕嗎？我相信對大部分的人來說都不容易，親情有時就像個編織緊密的網，把父母與孩子緊扣，無法割捨與逃避。

被關係勒索的孩子，只要一有違背長輩意志的行為與想法，立刻就會遭到指責或打擊，於是轉而壓抑自己的意願與情緒，只求滿足身邊的人，希望他們能夠開心快樂。令人難過的是，他們始終過著不快樂的日子，因為他們的想法、內心從來沒有被滿足過，而是一味地順從別人。

他們相信只要滿足他人，自己就不會被責難，或許就會快樂一些，然而結果事實並非如此，只會陷入自我厭惡的循環。終究，我們所做的任何決定，最後的影響還是會回到自己身上。不妨還是先明白自己的需求，找到想要的目標，並且思考需要什麼樣的人際關係。最重要的是，先照顧好自己的心情，而不是符合他人的期待。

為人父母也一樣，必須要先懂得：如果無法好好對待自己，又如何能好好對待兒女？很想對父母說，孩子是獨立的個體，他們擁有自己的人生，並非你們人生的延伸，千萬別用親情來威脅、勒索，藉此達成自己的要求。

或許，我們該學著把親子關係重新看待，不妨將彼此視為一個平凡的長輩、一個尋常的年輕人，用像是對待外人的態度相互尊重，用友善客氣的語氣溝通。不要求對方去做不想做的事，不說出連自己也會討厭的話。終有一天，將會明白彼此是牽絆，而不該是拘束。

而身為兒女的你，也不要只會聽話，而是要思考。有些權益是透過溝通，甚至是對抗而來的，任何進步，都是在衝突與交流中產生。但也不是要你一味反抗，而是多一點時間思考事情的緣由與道理。或許父母說的話不見得正確，但你所想要的理由是否也站得住腳呢？雙方必須試著從中尋找適合彼此關係的平衡與解答。

我們的人生不是用來滿足別人的願望，寶貴的時間是用來滿足自己，除非心有餘力，再來替別人完成他們想做的事。

父母該適時把人生歸還給孩子，而子女也該把責任歸還給父母。成年後，我們都該扛起各自的責任，而不能再將自己的決定怪罪到任何人。

再一個——「或許」

「不要容忍那些傷害你的人，容忍不能換來體貼，只會換來更多的輕蔑與詆毀。請試著反抗與求助，就算不會有即刻的改變，至少讓對方明白，你會為了尊嚴而勇敢戰鬥。」

——

那天，臉書上出現了一則新訊息，上頭寫著「好久不見！要不要參加小學同學會……」。

老實說我掙扎了很久，有想過乾脆已讀不回，也曾思考是否找個理由婉拒，畢竟自己並不擅長參加這樣的聚會。但，內心卻好想知道那些人現在的模樣，他們在長大之後又有著什麼樣的人生，在強烈的好奇心驅使下，過往的記憶慢慢浮現，便就答應了邀約。

隔天，我就想要反悔了，幹嘛要答應參加國小同學會呢？畢業三十年以來，雖然斷斷續續有人發過幾次邀請，但是我一次都沒參加。除了上述說的不擅長社交之外，我向來也不習慣應付別人所提出的問題，還有一個原因就是，國小時期曾發生了一件我永遠不想再次提及的事，才會讓我對於邀約一事有所畏懼。當然，我也可以直接爽約，不過，邀請我的人是阿賢，我們很久沒見了，我很想見他一面。

——不想參加同學會的理由，也許是想把自己與大家都存放在過去純真美好的時代。

自從臉書流行之後，陸續和幾個不同階段的同學重新牽上了線，而阿賢就是其中之一。

阿賢現在的工作是平面攝影師，國小時的我們是死黨，只不過念了國中後，他們家搬到其他城市，便就此斷了聯繫。曾聽鄰居說，他高中畢業後曾經跟著遠洋漁船做了幾年的船員。以前壓根想不到他會靠攝影吃飯，畢竟小時候的阿賢，塊頭很大、說話粗魯，動不動就噴出髒話來，很難把他跟藝術或是相機聯想在一起。

同學會當天，我的心情一直處在忐忑不安的狀態，說不定比當年遞告白信給班花時還要緊張。我傳訊息問阿賢有多少人會參加？有誰會參加？可是他一直沒有回應。

約定的時間設在傍晚，地點則是位在鬧區的一間義式餐廳，我對於那一帶很陌生，平時不太在那個區域活動。餐廳位在巷弄內，且附近巷道彎彎曲曲有點複雜，明明是同一條巷子卻是頭尾不同路名，然後轉角繞過去，卻發現不同條的巷子卻是相同路名，光是找到聚會的餐廳就花了太多的時間。

我一踏進店內，突然有個穿著牛仔外套的型男對著我揮手打招呼，但我認不得這個人。等到我坐下時，他說：「大鼻孔，你太慢了，我剛才還擔心你不來了呢！」

原來這位型男就是阿賢，因為只有他會叫我「大鼻孔」。我的鼻型外擴，鼻孔比較明顯，小時候他很愛嘲笑我這點，每次叫我時都用這個綽號。剛開始當然很不開心，但他根本不理我，怎麼抗議也沒效，幸好也只有他會這麼叫，所以就隨便他了。

雖然我和阿賢在臉書上偶有互動，但他不常更新動態，大部分的貼文都是分享攝影工作的作品，偶爾會針對時事發表一些評論，從未看過他近期的照片。阿賢現在的外型跟國小時相比，根本是天壤之別。印象中的他是個不修邊幅、全身玩得髒兮兮的大塊頭，而眼前的他，完全是個帥氣有型、成熟魅力的型男，帶一點電影明星喬治・庫隆尼的感覺。若把現在的我跟阿賢擺在一起，應該很適合做為產品廣告裡使用前與使用後的對照組。當然我是使用前，而他是使用後。眼前的他，給我非常陌生的感覺，就像是來自另一個不同時空的人。

我心想，假使我們現在才認識，應該不會是玩在一塊的朋友。原來，歲月不只會把男人的髮線變高而已。

除了我和阿賢以外，同桌的還有另外三個國小同學。雖說是同學會，不過實際到場的人數才五人而已。

坐在阿賢旁邊的聰明，穿著淡淡銀線條、看起來質感良好的白色襯衫，繫上黑色領帶，其布面也是透著淡淡的光澤，鼻樑上戴著金邊細框眼鏡，白淨斯文的模樣。不只是穿著，整個人透露出高雅的氣質。

聰明只是稍微變圓、變成熟一點，長相還是一樣的娃娃臉。小時候我們住在同一條巷子，雖然時常和附近其他的鄰居孩子們玩在一起，但我跟他卻沒有因此而深交，大概是他的家境背景比起我家要好太多了。雖說現在的社會已不分階級，但我覺得所謂的階級是自然而然產生的，自動會將不同經濟條件、不同教育背景，與不同生活環境的人區隔開來。

坐我對面的是麗玲，是以前在班上被許多男同學暗戀的班花，長相美、個子高、功課好，個性活潑開朗。我當年的告白信就是寫給她的，直到最後都沒有得到回應，也沒有打算追問她，於是我人生中的第一次告白就這樣不了了之。三十年的時間確實在她的面容留下了痕跡，不過，無論是身材或皮膚狀態算是保養得宜，現在依然是個令人會忍不住多看一眼的美人。

坐在麗玲旁邊的是小蘭，小學時也經常坐在麗玲旁邊，兩人幾乎形影不離。小蘭是個存在感很低的女生，但她的長相其實挺秀氣的，只是在麗玲身旁就相形失色，加上個性溫和、安安靜靜的。如果麗玲是光，那麼小蘭就是影，很容易被同學忽略。

我以前總覺得麗玲是公主，小蘭是婢女，婢女可能把公主當好友，不過對公主來說，婢女就是婢女，因為我以前常看到放學時小蘭替麗玲提便當袋。

——只要形成團體，就會再衍生出不同的小圈圈，進而產生階級。但，階級未必是負面的，它會讓圈子裡的人知道該怎麼對待彼此，還有投入的交心程度。

剛入座時，一開始彼此還有點生疏，大家免不了先聊聊各自的近況與這些年的成長經歷。

聰明在一間金控公司擔任營業部門主管，結婚七年，老婆是大學同學，有兩個女兒，一個五歲，一個三歲，聽起來就是幸福人生的模板。

麗玲結了兩次婚也離了兩次婚，她笑說自己看男人的眼光很糟。第一任老公其實愛的是男生，而第二任老公則是專靠詐騙老人來賺錢，婚前怎麼都看不出來，直到結婚幾年後才發現。她原本是在藝廊上班，最近為了照顧腦病變不良於行的兒子，回到家裡的彩券行幫忙顧店，過去在同學心目中的公主，現在已經落入凡間。

而小蘭和我一樣，都還是單身。在公立高中擔任特教班的老師，她看起來比小時候自信、開朗，雖然教導有情緒障礙或學習障礙的學生不容易，但她認為這份工作很有意義。如果學生因為她的教學而有進步，便會讓她很有成就感。因為學校有寒暑假，每年她都能安排時間出國旅行，現在還是小有知名度的旅遊部落客。

大家一邊吃著義式料理，一邊聊起兒時往事，把想到的同學名字一個一個拿出來聊，這場同學會的氣氛總算開始熱絡起來。看著他們開心搭著話，這才體會原來跟某些人擁有共同的回憶，也是一件不錯的事。

「你們記得阿德嗎？我有一次在路上攔計程車，居然剛好是他的車。」

「你說的是有參加籃球校隊和躲避球隊的那個嗎？也太巧了吧。」

「對啊，他說開計程車很多年了，還準備考導遊執照，可以載觀光客做一日導遊的生意。」

「我以前不喜歡他，自以為運動很厲害，常常看不起別人，很愛欺負人。」

「嗯，我也不喜歡他，很多同學都很怕他，像是賴月娥就被他欺負得很慘。」

當麗玲提到「賴月娥」這個名字時，大家突然愣了，原本慢慢熱起來的氣氛瞬間冷卻下來，我猜想他們跟我一樣，一時不知道該怎麼接話。

這時，服務生送來甜點，是抹茶布丁，我並沒有馬上吃，而只是望著它。我的思緒已不由自主地回到小學六年級，那件事情的開端。

——回憶一旦湧起，不只那些快樂的、美好的事情，連不願想起的，也跟著甦醒。

當時，賴月娥有個綽號叫做「屁王」，是誰取的已經不可考。不過，我認為是阿賢的可能性很高，因為他最喜歡替人亂取綽號了。至於綽號的由來，我記得是有一次上課鈴響沒多久，老師還沒進教室，大家坐在各自座位與旁邊的同學嬉鬧著，猛然間，出現一個超級響又拉超長的屁聲，教室內頓時無聲，然後隔了一秒，哄堂大笑。大家循著屁聲來源，看到賴月娥用手遮著嘴露出「怎麼會這樣？」的驚訝神情，同學們笑得更加忘我，有人叫了一聲「屁王」，接著大家一起反覆喊「屁王」、「屁王」地嘲笑她，賴月娥羞愧得滿臉通紅，最後趴在桌上大哭。老實說，如果我是她，除了哭，真的不知道自己還能有什麼樣的反應了。

賴月娥與一般人似乎有一點點不同，學習能力比較差，反應也比較慢，說話的語調有點怪，常會有同學去欺負她、捉弄她，故意模仿她說話的方式，只有麗玲與阿蘭願意跟她做朋友。

在放屁事件之後，對賴月娥來說，本來就不太愉快的學校生活就更加痛苦了。大家動不動就叫她「屁王」，要不就是對著她模仿屁聲，因為擔心會遭受波及，連麗玲與阿蘭也開始與她保持距離。有時，我同情她的處境，但我知道萬一自己替她說話，很可能也會被其他人排擠，也只好繼續跟著其他同學一起捉弄她。

有一陣子，班上流行各式各樣的投票遊戲，像是「十大帥哥美女」、「五個最好笑的人」或「最想坐在他旁邊的人」之類的票選。有人發起投票題目，舉手贊成達到一定人數後，班級幹部就會煞有其事地請全班同學將人選寫在字條上，並進行投票。聰明是班長，他負責唱票，而麗玲是副班長，在黑板上統計票數、公布結果。

阿賢不知道是不是嫌之前的題目太無聊，還是故意要針對某人，突然提議「最噁心的人」這種充滿惡意的題目，沒想到居然提案通過。好多同學笑鬧著，認為這題目超棒的，或許他們只是單純覺得好玩吧？現在的我看著當時的我們，不確定是不是因為小孩的世界太單純了，而單純到誤把這些惡意視為有趣？

「最噁心的人」的投票結果不出所料，由賴月娥高票獲得第一名。從那天開始，賴月娥除了「屁王」之外，又多了「噁心王」的封號。我還記得她聽著唱票時，那張既氣憤又無助的臉龐。一個好端端的女孩子，誰會希望被人說成最噁心的人呢？

幾天後，走進教室便看見黑板上寫著大大的「賴月娥是最噁心的屁王」幾個字，不知道是誰寫的，班上同學議論紛紛。過沒多久，賴月娥從後方走進教室，怒瞪著黑板，板著臉到座位放下書包，然後走到講臺拿起板擦用力地擦掉黑板上的字。她一邊擦一邊啜泣，或許她想擦掉的，不只是黑板上的字，更想擦去自己臉上的淚水，以及那些被人取笑的記憶。

當天午休時間，有同學發現賴月娥爬上教室外頭走廊的水泥圍欄，我們的教室雖然位在二樓，但對小孩子來說還是非常危險。教室附近的同學們見狀都圍過去看熱鬧，走廊上滿滿的圍觀學生。

「屁王，妳想跳下去哦？」

「屁王，不敢跳啦！」

「不然我們來賭屁王會不會跳。」

「她不敢跳啦！」

阿德和阿賢兩個人像在說相聲般，你一言我一句的，淨說一些令人不可理喻的話。而賴月娥環視四周圍觀的人們，與我四目相交時露出一抹冷笑，接著她大大吸了一口氣，好像要用力吸進所有勇氣那樣，就在眾人驚呼聲中跳了下去。應該說，她是以向後仰躺的姿態掉下去的。

那個畫面對於年幼的我來說相當震憾，這麼說或許不太恰當，不過，我看到賴月娥那時的姿態好優雅，她散發出「終於一切都解脫了」的神情。

後來的情形已經記不得了，印象中警察在學校出現過幾次，輔導主任和老師分別找學生問了一些關於賴月娥的事情，以及那陣子班上的氣氛。過沒多久，擔任班上的級任老師調職了，聽說是健康因素而離開教職，我還滿喜歡老師的，她是個瘦瘦小小的、客客氣氣的、聲音卻異常沙啞的老師。

每當我回想小學時的事，腦中總會閃過賴月娥那張帶著冷笑的表情。偶爾會夢到那張臉，那晚便睡不好，隔天一定頭痛欲裂，無法好好工作。

——霸凌，是來自於人類最原始的惡意。有些孩童時的殘酷，即使長大後也還是個巨嬰，只想著如何傷害別人。

當我正要開始吃抹茶布丁時，聰明不知說了什麼，餐廳裡很吵雜，而他說話音量又太小。於是，阿賢問他：「你說什麼？我沒聽清楚。」

聰明稍微有點猶豫：「黑板上那句話是我寫的。」

「什麼話？」阿賢一臉搞不清楚狀況。

「就是說賴月娥是噁心屁王那句話。」

三十年後終於真相大白，原來那句嘲笑賴月娥的話竟然是模範生聰明寫的，讓我們實在大感意外。

當時，聰明請賴月娥幫忙轉交告白信給麗玲，卻被她拒絕，還反過來嘲笑他。他回家後越想越生氣，隔天就在黑板上偷偷寫了那句「賴月娥是最噁心的屁王」，想一解心中怒氣，卻沒想到竟造成無可挽回的後果。而這件事讓聰明一直懷抱著愧疚感與罪惡感活到現在，所以定期到身心科報到。

「麗玲，妳可真受歡迎啊！」阿賢開玩笑說。

麗玲沒有回話，只是用苦笑回應。

「其實，這件事也影響我很多。」阿賢接著說起這件事。

才知道阿賢在國中會選擇搬家轉學，就是因為這件事。可是逃避並沒有使他的心境平靜，所以乾脆跑到遠洋漁船工作。當時的他以為只要暫離這片土地一陣子，也許可以改變。沒想到卻在船上受到資深船員的欺凌，一度想要跳船自殺。

阿賢摸摸脖子苦笑著說：「或許，這就是我該受的報應吧，才明瞭被人欺負的當下是多麼的無助與難受。」

而小蘭之所以會當特教老師，也是賴月娥的關係。她想著，若是當時沒有疏遠需要支持的賴月娥，而是持續在她身旁給予陪伴，一切或許就會有不同的結局。賴月娥當年的狀況，用現代的說法就是「早療兒」，在語言溝通、關係適應、情緒心理發展比較遲緩。「最後會選擇投身特殊教育，有很大一部分是補償心理吧。」她說道。

——真正能夠赦免我們的，不是老天，而是誠心懺悔。然而，有些傷害是永遠無法彌補的，並不會因為道歉了、補償了，傷害就會消失。

每個人的狀態不同、心中在意的部分亦有不同，能承受的壓力也不會相同。如果開玩笑已經讓對方不開心，就算自己覺得說出來的話或做出的舉動並不嚴重，都該要勇敢認錯。因為傷害已經發生，表示已在對方心裡劃下痕跡，那就是嚴重。

任誰都有不想被人提起、觸及的地方，試著體會自己心情不被尊重的感受，那種自尊被踐踏的感覺，或許比被提及在意的部分還要讓人痛苦。

不妨試想，或多或少自己都有過被人傷害和傷害別人的經驗？有些人因此而被束縛，不斷陷入逃不出的迴圈之中；但有些人懂得放下，也會因為那些經驗而明白，避開被傷害或可能傷害到別人的機會。若仔細思考就會發現，其實別人給予的傷害通常是有限的，而我們給予自己的痛苦才是無限的。唯有懂得放下，痛苦才能有結束的時候。

——有些錯跟著我們一輩子，既然無法挽回，也只能將過錯視為

經驗與課題，用我們接下來的人生好好作答。

聚餐結束後，聰明開車順路載阿賢與小蘭回去，麗玲要去火車站搭車，我和她一起散步往捷運站走。那一小段路讓我回想起有一次上體育課時，麗玲突然感到身體不適，由我送她去保健室，那種自以為是護花使者的單純又美好的感覺，想起來便覺得青澀可愛。經過這次聚會，我與她的尷尬已稍稍退去，於是我鼓起勇氣問她，為什麼當時沒有回覆我的告白信。

「你不知道嗎？因為月娥那時對你有好感，我才不會搶朋友喜歡的對象呢！」麗玲先是翻了一個大白眼，然後帶著淡淡的微笑說。

我聽了恍然大悟也了然一笑。即使賴月娥已經離開我們很久，但她的影響力依舊，在我們心中紮根，也促使我們成為不一樣的人。或許，這就是她對我們所開的玩笑吧。

那些無奈

把自己有限的時間與精力用在能力所及可以改善的事情上,直到累積到一定的能力時,自然就能改變其他事了。

厭酒的——女人

「有人喝酒是因為開心，有人喝酒是因為傷心。於是，他們說自己喝的不是酒，而是一種心情。」

——

她在朋友間是出了名的好酒量，有趣的是，她鮮少喝酒，而且非常討厭酒，更厭惡喝醉酒的人。據說，她曾經在熱炒店直接把一整桶冷水澆在隔壁桌的客人身上，只因那人酒喝多了，說話音量越來越大而引人側目，最終讓她氣爆的點，是他辱罵了在店裡服務客人的酒促小姐。

還有另一個事蹟是有人約她一起去聚餐，沒想到對方一開心就多喝了幾杯，到後來醉到神志不清。隔天一醒來卻發現自己被倒吊在公寓外頭，雖然只有不到一層樓高但也夠嚇人了，驚慌得大聲呼救。事後詢問，原來是那人酒後出現各種失態，被她用床單綁著從二樓陽台吊下來。她平常並不是個嚴厲或難相處的人，唯獨酒醉胡鬧是她的大忌。

我與她並不熟稔，只有幾面之緣，關於她的故事都是在朋友相聚時閒聊得知。她對付喝醉的人的那些手段實在太有意思了，讓我對這個女生產生濃厚的興趣。有次，輾轉得知她救回一隻幼貓打算找人收養，那時的我正猶豫是否再養一隻貓，便與她相約看貓順道聊聊，雖然最後沒有決定領養，倒是那日在咖啡店時，終於聽到她侃侃而談自己討厭酒的原因。

——很多時候，我們討厭的，不是某個人事物，而是討厭其背後的意義或故事。

她的父母親是在花蓮秀姑巒溪畔的部落裡一起長大的青梅竹馬，不只他們很早就認定彼此，根據兩人的說法，如果最後沒有在一起，整個部落應該會失望到引發暴動。等父親服完兵役，兩個青年男女依照族裡的傳統習俗完成了婚禮。一年後，她的姐姐出生，父母為了給孩子更好的環境決定離開熟悉的部落，進城市討生活。

婚後生下三個姐妹，她排行第二。姐姐大她三歲，妹妹小她兩歲。當她稍微懂事後，聽過一個說法，在家裡排行中間的孩子最無奈，因為長輩會希望她要聽哥哥姐姐的話、要禮讓弟弟妹妹。她覺得還滿符合自己成長過程中的感受。每次跟姐妹有爭執，她總是被大人勸告要聽話與包容，可是，誰來聽她說話又有誰來包容她呢？那時她小小的心靈經常感到不平衡。

小時候，父母親一起在工地做粗工，跟著建商的建案工程到處跑，偶爾也會自行承包一點小工程。家裡的經濟狀況雖不算寬裕，倒也讓三姐妹過著不愁吃穿的日子。在她上小學前，爸媽偶爾需要去外縣市工作一段時間，就會把就讀小學的姐姐暫時托給舅舅家照顧，把她和妹妹一起帶去工作。跟著大家住在工寮宿舍，她沒有覺得不好或是辛苦，反而覺得有趣。工地裡的叔叔阿姨們很疼愛她，她經常一手握著錢一手牽著妹妹，幫他們買香菸、飲料或是維士比加咖啡，剩下的零錢就賞給她當跑路費，她會拿著那幾個銅板到附近的雜貨店，買那種秤重計價的零食糖果和妹妹分著吃。賺錢照顧妹妹讓她心裡產生一點點成就感，覺得自己比姐姐還要成熟、懂事。

等到她上了小學，爸媽去外縣市工作時，便會把她和姐姐一起托給舅舅照顧。在舅舅家生活除了爸媽不在身邊難免有時會感到落寞，大部分的日子都過得很開心。舅舅有兩個小孩，早上表哥會先帶著她們去學校，自己再走到隔兩條路的國中上學；下午放學後，表姐會領著她們兩個跟鄰居朋友一起玩，每天的時間被上學與玩樂塞得滿滿，對於爸媽的想念自然也就減少許多。

不過，如果舅舅在外面喝了酒回家，那天晚上就會變得很可怕。舅舅和舅媽會大聲爭吵，然後會看到房間的物品飛到客廳，不然就是客廳的東西飛出門外。有時表哥忍不住出聲制止，下場就是連他也一起被打。

這種時候，即使姐姐已經全身發抖了，但還是讓她站在身後，用手護著她，確保她不會被波及。她曾經很害怕地問姐姐說：「怎麼會這樣？要不要跟媽媽說？」

但姐姐回答：「不可以！爸爸媽媽已經很辛苦了，不能讓他們擔心。」

那時，她才覺得慚愧，自以為懂事，其實姐姐比自己成熟多了。

——所謂懂事，未必都是開心的，必須要不吵不鬧的，才能掩藏自己的傷心事。

之後有好一陣子，她和姐姐沒去舅舅家住，因為爸媽突然變得比較少出門，一星期大約只會工作兩三天，剛開始她們姐妹覺得好棒，天天都可以和爸媽在一起。但，到後來只有媽媽偶爾去工地打零工，爸爸幾乎都沒有出門，自己天天待在家裡喝酒。有天她放學回家，剛打開家門就被爸爸用力拉了進去，不分青紅皂白地毒打一頓，她完全不知道自己哪裡犯錯，打著打著，打到後來她也沒法再思考自己哪裡犯錯了，只感覺到臉好痛、身體好痛、心也好痛。從那天起，她那喝了酒的爸爸就像不定時炸彈，隨時會爆炸，原本開朗溫柔的人怎麼變成了目光猙獰的魔鬼，比舅舅還要可怕。

提心吊膽的日子持續著，她放學回家總是拖著沉重的心情，不確定今天開門迎接她的是爸爸還是魔鬼。她曾經偷偷把爸爸放在櫃子上的米酒拿去倒掉換成白開水，結果那天回到家，她們三姐妹被打得更慘烈，打到她不得不承認是她偷換掉的，不然爸爸手上揮舞的掃把好像永遠不會停止。她也曾想過報警，但是擔心爸爸萬一被警察抓走了，她們就會變成沒有爸爸的野孩子。

忍受著身心折磨幾年後，沒想到更大的變故迎面而來。媽媽在工地發生了意外事故，從好幾層樓高的鷹架上摔落下來，緊急送到醫院搶救，依然回天乏術。而當媽媽正在生死關頭之際，爸爸卻還什麼都不知道，喝完酒倒在客廳的沙發上酣酣大睡。

媽媽過世後，酒癮嚴重的爸爸連自己都照顧不好，根本無法承擔起照顧她們三姐妹的責任，於是她們被送回部落，由阿嬤協助扶養。但，過沒多久，年邁的阿嬤無論在體力上或經濟上都難以負荷，為了小孩們的未來著想，不得不含淚把她們送進育幼院。那時，她剛準備升國中，心想自己終究還是成了沒有爸媽的野孩子。

她花了很長一段時間才適應育幼院的生活，因為內心一直無法調適，總認為自己是被大人遺棄的。爸爸每隔一段時間就會寄信給她們，但是她從來都不想看。偶爾爸爸會打電話過來，也都是由姐姐接聽，她一點都不想再聽到他的聲音，心裡認定爸爸就是讓她們無家可歸的罪魁禍首。姐姐告訴她，爸爸正在努力戒酒，等他戒酒成功了以後，就可以很快地一起生活了。她聽了嗤之以鼻，可是若說心中沒有一絲絲期待，那肯定也是騙人的。

聽到這邊，明瞭了她的成長過程，自然能夠理解她為何會討厭酒，同時，也讓我想要知道她們姐妹三人接下來與爸爸的關係如何發展。

——現實有時會讓人覺得，既然全世界都放棄了自己，為何自己不能放棄這個世界呢？

之後，她爸爸的狀況確實有好轉，還曾短暫生活在一起過。但，那幾年擔心受怕的日子，對她們三姐妹的心理影響實在太深、太重，與爸爸的相處始終有一道無形的冰牆難以跨越。對她來說，與其說那個男人是爸爸，比較像是有血緣關係卻又陌生的親人。

姐姐高中畢業後，進入美髮沙龍當學徒，工作非常努力，短時間內就成為髮型設計師，然後一肩扛起照顧兩個妹妹的責任。爸爸雖然戒了酒，不過，之前那些酗酒的日子把身體搞壞了，也做不了勞力活，能夠打理自己已經是不容易了，又怎麼有多餘的心力能來顧別人。或許是傳統的父親顏面作祟，但又對自己的無能為力感到愧疚，矛盾的情緒促使爸爸時不時就拿女兒對待自己的態度發脾氣，更容易因為一點點生活上的瑣事便起爭執，父女之間的相處總是劍拔弩張。有天，她們發現爸爸在房間的衣櫃偷偷藏了一瓶酒，姐姐一氣之下就帶著妹妹們搬出去生活，與爸爸的關係又開始漸行漸遠。

她停了一下，緩緩地喝口水。

「然後呢？」我問。

她的眼中帶著淡漠說道：「其實……我爸現在的腦袋已經不清楚，有時像個小孩一樣，肝的狀況也很糟糕。」雖是以淡然的表情說著，可是我卻從她的眼瞳裡看見深深的悲傷。

爸爸病了，生活無法自理，需要有人照顧，為了這件事，姐妹們的想法出現歧異，姐姐認為她們應該負起為人兒女的責任，但她和妹妹對於這樣的鄉愿不以為然，她們不認同要為了一個人將所有人的生活全都賠進去。難道要將爸爸送進療養院？三姐妹對此猶豫不決，雖然父女關係不好，倒還沒恨爸爸到能夠狠心置之不理的地步，心裡隱約也不希望背負著不孝的罪惡。

有天，趁著爸爸精神狀態還不錯的時候，她跟他聊起關於生病的話題。

「爸，有件事想問你，想知道你的想法，然後…也比較好處理接下來的事情。」

「什麼事？」

「如果，我是說如果，如果你什麼都不記得或是昏迷不醒了，你會希望我們怎麼做？」

「就讓我趕快死掉啊，笨蛋，這是什麼爛問題！」

「又不是說死就能死的！」

「那就隨便找個地方把我丟著，我以前沒有照顧你們，你們也不用照顧我。」

「可是……」

「可是什麼？你們從來沒有想過要孝順我，更不必在這種時候孝順。我什麼都不記得了，你們要孝順給誰看？笨蛋！把我丟著，別被我拖累了！」

說完後，她問我：「如果是你，你會怎麼做呢？」

我著實思考一下，這個人生考題確實會讓人左右為難。別人對我們的傷害，或許可以想辦法避開。可是，家人對我們的傷害，卻難以逃離，尤其是在還無法獨立的童年時期。同樣的，照顧家人的責任也不是說放就能放。

——孝順是美德，但並不是義務，你也沒有虧欠，重點在於父母怎麼對待你。而該怎麼對待父母，應該由自己決定，只要問心無愧。

家，應該是提供溫暖、給予保護的所在。很不幸的，有些家庭不僅無法提供庇護，反而成為痛苦與恐懼的緣由。明明是一家人，卻還是有人會故意或無意傷害了對方，讓他們心靈受創、沒有安全感、變得自卑、對人失去了信心。那些被摧毀的歸屬感、快樂與親情，是需要長久的時間與持續的努力才有可能找得回來。但無奈的是，更多人是從此陷入無止盡的悲傷、怨恨之中。

其實，在我們生命中所發生的任何事，根本無需向他人說明，而是要試著來說服自己。畢竟人生給予我們的難題並不會少，且一次比一次艱難，然而，解決的方法並沒有所謂的標準答案。無論最後做了任何決定，也沒有人有資格怪罪的。

我們為了自己與家人的生活一直努力著，當然也會有相互妥協的時候。只要生活在一起，偶爾的爭執是難免的，就算可能彼此怨懟，卻也終將和解。或許，會突然對誰心生厭惡，但是在對方需要的時刻依然會挺身而出。各種矛盾總是不斷在現實上演，但這不過是生活中的一小部分，卻也是親情的真實。

或許是受東方傳統家庭教育的影響，我們總是把親情想得太偉大、神聖，然而，對於親人並非要完全付出，也不是無私的奉獻，凡人的我們不是聖人，任何情感與關係都有它黑暗的一面，比方說自私，比方說計較，比方說威嚇，唯有體認到與之產生的矛盾、拉扯與糾纏，才會對於人生裡的不順、無奈與悲情慢慢釋懷。

家庭的羈絆或許切不斷，但也只能回歸自己，透過時間漸漸看開；生命或許無常，活著的時候更要把握每個日常。

假使有一天，我在生活上已無法自理時，或許也會對家人說：「把我丟著，別被我拖累了！」

荒謬 診療所

「當我們理解到這個世界是靠著多少荒謬的理由而運作時，就會知道以抱怨與沮喪的態度去面對它，真的太愚蠢了。」

「你應該是得了急性肺炎，需要住院觀察兩天。」診療所的醫官用著聽不出任何情緒的平板聲音，逕行宣判。感覺他只是自顧自在背誦考卷的題目與答案，彷彿他所說的事與我一點關係也沒有。

平常聽到醫生這麼說，心情應該是驚慌，甚至沮喪的。不過，我卻感覺到一絲喜悅，就連扶著我來診療所的兩個同梯新兵都難掩興奮地問醫官：「報告醫官，那他這兩天需不需要有人照顧？我們非常樂意發揮同袍情誼自願留守！」畢竟能夠暫時離開如煉獄般操練生活的機會，實在難得啊。

我本來就不算身強體壯，加上不諳水性，進入海軍新兵訓練中心後，在每天密集的操練與游泳課程之下，我的身體終於發出抗議的訊號，首先是輕微咳嗽，接著頭昏、四肢無力，然後開始高燒不退，咳嗽加劇到胸口隱隱作痛，甚至有呼吸困難的情況。

早上中隊集合的時候，我沒有出現，於是教育班長走到我的床鋪前，用著像是在檢驗屍體的動作及眼神，摸摸我的額頭，看看我的眼睛、口腔、舌頭，確定我不是裝病後，才命令兩個班兵將我送來新訓中心的診療所就醫。

「不用，你們把這張住院証明拿回去給班長，請他每天派人過來探視並回報狀況給中隊。」醫官在辦公桌上熟練地寫著証明，用一句話便打擊了兩個想要藉機出公差打混摸魚的脆弱心靈。

於是，送我來診療所的兩個同梯帶著失望的表情悻悻然離去。不過我非常清楚，他們一定會趁機先去福利社晃晃，再找個隱密的地方，偷偷抽幾支菸，喝罐飲料，才會心不甘情不願地回去那個我們沒有名字只有編號的地方。

——有些事物，我們總要等到失去了才明白擁有的奢侈，比方說自由，比方說健康。

我被安排住進診療所的病房，那是一個寬廣開闊的空間，一進門就看到靠窗的牆那側整排共有八張病床，另有八張病床則是排在靠入口進去那側的牆邊，全是套著綠色床單的病床。一整排窗戶大又明亮，充滿復古的氛圍，窗框還是原木材質，上頭漆著海軍藍。窗外幾株大榕樹的枝葉隨風搖曳，陽光經由枝葉濾過灑落在室內，啾啾啾地鳥叫聲一陣陣傳來。這裡與部隊那個陰暗毫無生氣的營舍空間相比，簡直就像是兩個不同的世界，但明明這兩個地方都位在同樣的圍牆內，而且相隔不遠。

醫護人員替我調整好點滴後，我便沉沉睡去，除了幾次因為吃飯、服藥及記錄體溫被人喚醒之外，就一直昏睡著，似乎像是一輩子不曾睡好覺那樣深沉的酣睡。

「起來！該你了！」在半夢半醒之間，感覺有人用力搖晃著我。

「起來！快點起來！我也想睡覺啊！」那個人又更大聲地叫我，更用力地搖晃我的身體。

「嗯？怎麼了？」我勉強睜開沉重得像是吊著水球的眼皮，出現在我朦朧視線前的人並不是護理人員，從他的外表判斷，應該和我同樣是新訓中心的新兵。

再環顧四周，病房內沒有開燈，只有門外走廊的燈光照進房內，其他病床上的人正在呼呼大睡，我直覺判斷現在是大半夜，納悶這個人到底是為了什麼事情叫醒我，這樣干擾病人休息實在是非常沒有禮貌的行為。

「什麼怎麼了？該你了啊，還怎麼了⋯⋯」

「什麼東西該我了？」

「該你站衛兵！」

「站衛兵？我為什麼要站衛兵？」

這下子我完全驚醒了，我明明是需要住院療養的病人，為什麼還要站衛兵？跟我開玩笑嗎？不對，我不認識他，況且應該沒有人會無聊到半夜不睡覺拿病人尋開心。還是這個人有精神病？也不對，精神病患應該不用當兵，如果軍隊荒唐到讓精神病患入伍，不被民意代表質詢到天荒地老才怪。

難道⋯⋯是我身體太虛弱導致卡到陰見鬼了？我偷瞄一眼，不對，這個人有影子，而且我也沒聽說過鬼有口臭，這傢伙大概是熬夜火氣大，說話時有一陣腥味飄來。說真的，要一個虛弱到連下床都有問題的病人站衛兵，如果不是開玩笑的話，也未免太荒謬，未免太離奇？

——當不正常的行為出現在正常的地方，我們才會發覺它的不正常；而正常的人能明白自己不正常的地方，這樣才能盡量讓自己保持正常。

我上次遇見荒謬的事情，是在學生時代發生的，而且跟現況比起來簡直是小巫見大巫，根本無法相提並論。

國中時，數學老師宣佈考試成績低於九十分的人要接受處罰，每少五分就要打手心一下。結果考試題目只出了五題，也就是說，答錯一題馬上只剩八十分，除非全部答對，不然每個人至少要被打四下。看著自己全錯滿是紅字的考卷，心情沉重不已，其他同學也好不到哪裡，還記得發考卷時，班上根本是刑場，充滿著肅殺氣息，融合著「咻咻咻」的藤條聲再落下手掌心的「啪啪啪」聲，整齊又響亮的聲音不絕於耳。後來老師實在打到累了，乾脆叫同學兩兩一組彼此互打，他可以省些時間與力氣。果然是數學老師，連打人都很會算啊！

「什麼為什麼？每個人都要站衛兵啊，這是規定！」那位阿兵哥露出一副我怎麼會問這麼大逆不道的問題的表情。

「包括病人也要？」看來他是認真的，情況愈來愈荒謬，我開始擔心了起來。

「廢話，不是病人幹嘛待在診療所，你以為這裡是飯店嗎？」

「可是我白天進來時，沒看到有人站衛兵，也沒人告訴我啊。」

「白天不用站衛兵，晚上十點熄燈後才需要開始排衛兵。」

「那麼…為什麼現在會是排我站衛兵？」

越問越覺得他是認真的，不知道是因為發高燒造成眼眶發熱，還是為了自己需要半夜站衛兵而難過到想哭，此刻就像是準備再次被丟下河的落水狗般無助。

「因為你是最菜的啊，最晚進來診療所的人負責站凌晨兩點到四點的衛兵。」

「為什麼會這樣排？為什麼病人還要站衛兵？這是誰規定的？」

「你哪來這麼多為什麼，我怎麼知道，我進來的時候大家就是這麼做的！」

「可是⋯我現在是急性肺炎的病人。」

「幹，我也是受重傷的病人，還不是得站衛兵！」

我仔細看他，他坐在輪椅上，輪椅的金屬部分在昏暗的房間中映出寒光。他的右腿裹著厚厚的石膏，右手也同樣裹石膏，繃帶繞過脖子綁著將裹石膏的手固定，左手則杵著一根長度約一公尺半左右的木棍，筆直地佇在地上。

眼前這個幾近半殘的人居然在門口拿著一根爛棍子保護著我們，不禁感到一陣心酸。看來我們國軍的精實訓練成效卓越、戰技精湛，就算坐在輪椅上，即使僅手握木棍當武器，也能負起保家衛國、奮勇殺敵的使命。但我必須承認自己訓練與勇氣都不足，完全沒有信心能在病懨懨的狀態下保護同袍的性命安全。

「廢話別這麼多，快準備起床換班，我睏死了。記得三點四十五分要叫你隔壁床的來接你的班。」他沒好氣地說完，便推著輪椅回到病房門口，繼續保家衛國、守護弟兄的責任。

我起身轉頭，隔壁床的病人正沉睡著，看不出是什麼原因住院。立在床邊點滴架上的藥水一滴一滴無聲地落下，我的心情也跟著越來越沉重。我拖著虛弱無力的身軀以及維繫性命的點滴架，帶著無奈又困惑的心情，走到門口與衛兵交接。

我呆坐在門口的椅子上，拿著可笑的木棍，望著窗外的榕樹，枝葉仍然隨著夏夜的微風搖曳，月光將榕葉照得發亮。病房內，病人們的鼾聲有節奏地響起，這個世界仍在運行著，而我所身處空間的時間卻像靜止似的。好像過了一段相當長的時間，我就那樣一直坐著不動，也許應該說是沒力氣可動。我坐在那裡就像一幅名為「病房與病人」的畫作，安靜地停留在那個荒謬離奇的時空裡。

忽然想起曾經在某本書中看過一句話：「再荒謬的事情，都會有它嚴肅的地方。」

——再怎麼荒謬的事情，也不能否定它的存在，說不定那荒謬正是它為何存在的理由。

當人們在制定某些荒謬的規則或做出某些離奇的選擇時，或許背後還是有其邏輯與道理。

或許是那時的海軍新兵訓練中心，為了培養病人之間共患難的情誼，才會讓他們即使重病在身，也要輪流站崗守護同房的病友，實在是用心良苦。當然，也有可能是新訓中心裡其他中隊的學員站自己隊上的衛兵就哀哀叫了，怎麼還有心力再去幫診療所的病人們站衛兵，自己的性命自己顧，天經地義。還有一種可能，國軍希望阿兵哥能夠體會作戰時期的艱苦，在任何狀況之下都要盡可能的挺身而出，為國捐軀。喔不，應該是為國奮戰。

最後，我在診療所整整住了五天才出院，而不是原先醫官預期的兩天，原因應該不用多想就非常清楚了。一個每晚都要站衛兵的肺炎病人，能夠五天就出院應該算是祖上積德、老天保佑了。

還記得當時沒有其他新住院的學員進來，我一直是病房內最菜的兵，於是，必須拖著點滴架連續站了幾晚的半夜兩點到四點的衛兵，現在回想起來，依舊是我到目前人生中最接近怪談的經歷。

——曾經，你唯一不願妥協的，就是妥協。但，我們終將被這個世界馴服，理所當然地讓步，心安理得地等待，然後安慰自己是為了有機會不再妥協。

每次想起這件事，就覺得人生真的很有趣，難免會遇到無可奈何、甚至根本是荒誕不經的狀況。這時，再怎麼想方設法也無能為力，想要安個好理由來說服自己，都顯得不合常理。若是強迫自己非得立即解決，通常只會撞得滿頭包，到頭來只是不斷在原地打轉而已。

或許我們該認清的，束手無策的事情到哪都可能發生，而我們能做到的有限，更何況有時被混亂的思緒干擾，說不定連出手的機會都沒有。

有時，拼命想要對抗只會讓自己更挫折、更沮喪，不如暫時順應局勢，人生並非得要爭一口氣才能過得去，有時腰一彎就過去了。有些人、有些事或是有些情況讓人感到不合理，即便在意了，卻又無計可施。只能試著告訴自己：「看開一點吧」只要能先度過眼前的狀況，接下來其實沒有想像中那麼困難。

不是一定要讓自己凡事忍氣吞聲、逆來順受，而是把自己有限的時間與精力用在能力所及可以改善的事情上，直到累積到一定的能力時，自然就能改變其他事了。

或許在那個當下，肯定會認為這好辛苦、麻煩或可怕，當一切事過境遷後，再重新回想那些經歷，它們也許不再是痛苦的形象，而是一種進化必經的教訓、一種成長的體會，說不定已經融合成我們人生的一部分。轉眼間，就在自己以為過不去時，變得雲淡風輕，再提起時，也只是一段連自己都覺得津津有味的故事而已。

假使你問我是否認為那次經歷有遭受不合理的對待？我會回答：是。然而，不合理的事情，或許也有它合理的存在原因。對現在的我來說，沒有怪罪，沒有憎恨，有的只是荒謬且有趣的回憶。

微笑

「人出生在這世上，不該是為了傷害他人，成為別人的惡夢，而該是為了給予他人幫助，並且細細體會這世間的美好。應該要這樣活著才是，不然就可惜了來到這世界的機會。」

—

走出我家巷口，到了大馬路右轉會先看到一間便利商店，接著是連鎖早餐店，再過去是賣泡沫紅茶的，是那種可以讓一夥人打牌瞎扯的店，便宜的仿木紋貼皮桌、被客人坐到已經失去彈性的沙發椅，看起來不起眼，卻在我還是學生的年代十分流行，只要翹課想找地方打發時間，不是泡沫紅茶店，就是撞球店了。不過，最常去的還是紅茶店，畢竟點一杯飲料就能坐上一整天非常划算。

只可惜時代不同了，流行的事物也不同了，現在正熱門的，都是裝潢十分具特色、可以讓大家拍出網美照的咖啡店和早午餐店，要找到像我家巷口這種形式的泡沫紅茶店已經很難了。

我家位於一般住宅區，並不算是太熱鬧的地方，因此，那間泡沫紅茶店生意出乎意料的、算是還滿不錯的。即使是平日早上，店內也還是有不少客人，大多是上了年紀的老人家、媽媽族群，或是談保險之類的業務員。相信很多人應該跟我一樣，夏天一到，就會帶著筆電去店裡吹免費冷氣打發時間。

店裡有一個四十多歲左右的小姐，不確定她是老闆娘還是店員，個頭小小的，戴一副兩側有尖角、水滴形狀的粗框眼鏡，無論何時總是化著大濃妝，她的臉讓我聯想起戲劇裡經常出現的那種刻薄難相處的女同事、或是古板嚴厲的女老師。我很納悶，印象中像這樣的茶店通常會僱用年輕可愛的工讀生才對，或許，就是因為時代不同了吧。雖然那位小姐的外表，不說話時給人不好相處的印象，一旦對到客人，她就會瞬間堆滿笑容。「早安，今天穿這樣好漂亮哦」「天氣變涼了，要不要一杯熱水」「慢走哦，有空常來」即便她表現出好客熱情的模樣，不知怎麼的，我就是能感覺到那並非她的本性，是裝出來的。

為什麼會這麼說？可能是我個人的偏見吧，不知為何，她對我的態度跟其他客人總有明顯差異，特別冷淡。剛開始我不以為意，心想大家難免都會有不開心的時候，若還硬要勉強自己對人陪笑也滿可憐的。可幾次下來，才開始發現不太對勁，前一刻她還在跟一位客人開心寒喧，輪到我時，眼神才一對上，我正準備微笑打招呼，她便立刻像川劇變臉，一副我欠她好幾杯茶錢的表情。像是昆蟲溝通彼此發出的訊號，可能是氣味，也許是音頻，或許是肢體動作，她對我總透露出某種訊號，而我把那訊號判讀為「討厭」。

對此我也曾深切反省，是否自己不知在何時得罪了紅茶店小姐，讓她心生不快，才會對我如此冷漠。可是，我怎麼也想不起自己曾做錯什麼事情讓她不開心。

老實說，她在我的生命裡並不是什麼重要的人，她開心與否，對我採取什麼樣的態度，我根本不用在意，大不了以後不再去紅茶店光顧罷了，只是她讓我想起這些年好像也遇過幾個對待他人友善、卻只會對我散發出莫名惡意的人。

他們與一般人相處時都很正常，有禮貌也親切，但只要是跟我在一起時，其態度就會轉變為冷漠、無視或是厭惡。這往往不會在眾人面前發生，通常是在私下相處時。而且在我看來，那些令人不舒服的態度並不是彼此有什麼利益衝突或是競爭而產生，就只是純粹討厭我這個人。

——討厭這種事，很難說明的。有時是打從一開始就討厭，有時則是突然變得討厭，也有時是因為太喜歡而變得討厭。

舉幾個例子。幾年前，我在一家網路媒體當特約記者，平時不用進公司，每月只需要跟大家開會兩次就好。負責我這條線的主管是個看起來親切和藹的媽媽，對待同事也真的像親媽一樣關愛，唯獨看到我時，她的表情像是控訴著「是不是上輩子做太多壞事，這輩子才需要跟你共事」。雖然我們不常見面，但每次一遇到，我的心中難免感到不舒服，為何待別人像寶，看我卻像草。後來公司換了經營團隊，我便沒有繼續合作，聽說那個主管也離開了。

國中時的數學老師也是個溫柔媽媽，同學們上課講話玩鬧，都被她一個一個點名叫出去在教室外走廊罰站，奇怪的是，唯獨只跳過我，彷佛我這個人不存在那個空間裡似的。或許有人會說「不用罰站不是很好嗎？」可是，當你四周都是空位，獨留你一人坐在位子上時，就好像只有自己被這個世界所遺棄，彷佛背叛了罰站的同學們，還被老師無視了，心中的感覺真的非常糟啊！

還有三個月前離開的那間公司，也發生了類似的故事。我的座位右側是走道，左側坐著一位新進的年輕妹妹，有天，我發現那個女生刻意把座椅推離我遠一點，說話時也不願正眼看我，還把原來靠在牆邊的矮櫃移至我們座位之間，簡直把我當成有傳染病的人般對待，即使沒有明說，我也能明顯感受到她的厭惡。離職前不久，那個女生轉調至其他部門，而我旁邊的座位直到離職時都還是空著的。

因為待業中，從事設計的朋友前陣子接到一個案子需要人手幫忙，反正我閒著也是閒著，便答應接下，多少賺一點生活費。工作內容很單純，是遊樂園的藝術裝置物設計，朋友因為身上還卡著其他案子，沒有太多餘力，於是拜託我代替他去跟客戶開會、溝通。老實說，我的任務相當簡單，沒想到這個專案的成員卻很複雜。開會時，總是浩浩蕩蕩的一群人，有廣告公司，有廣告代理商，有做工程的團隊，還有活動行銷公司，而我朋友則是透過廣告代理商接到這個案子，若是再加上客戶端的人，原本偌大的會議室，瞬間被二十幾個人塞滿。或許，這社會的運作模式之一，就是把原本可以簡單的事情盡量弄得複雜。

負責遊樂園專案的窗口是個長得圓潤可愛的年輕女生，短短的髮型有點像技安妹或是櫻桃小丸子，不知道是她的老闆難搞，還是因為個性問題，總是給人很緊張、很擔心的模樣。面對其他人時還是會勉強保持著笑容應對，唯獨面對我時，彷彿不想再費力假裝，老是垮著臉，就連交代事情的口氣也都很不耐煩。有一次還讓我發現她翻了白眼，而且那時我們根本沒說到話，只是對到眼而已！

——其實，那個人對你假裝並不讓人難過。真正讓人難過的是，他連對你假裝都嫌麻煩。

回想這些一而再發生的事情，記憶中莫名被某人討厭的例子實在不少。我把筆電闔上，將杯裡剩下的伯爵奶茶一飲而盡，走出紅茶店，看到騎樓下的熄菸筒旁有兩個抽菸的老伯，就上前去抽根菸並且哈啦一下。

其中一位老伯跟我抱怨起：「吼，現在香菸實在漲太多啦，每天收回來的紙箱鋁罐還換不到半包菸呢！」我一邊點頭一邊聽著，轉頭望向店裡，那個像嚴厲女老師的小姐低頭拿著筆不知在寫什麼，剛好抬起頭跟我正眼相對，我們既沒吵架也沒曖昧，但不知為何對到眼就是會覺得尷尬。照理說，應該要禮貌性點點頭，當我正準備這麼做時，她瞬間面露出「怎麼這麼衰」的表情後，就低下頭繼續忙了。

算了，就這樣吧。我把菸熄了，先去便利商店買牛奶，再轉進巷子慢慢走回家。

回到家，我把牛奶放入冰箱，將筆電收進書房，回到客廳一坐到沙發上，小虎便迫不及待地跳到我大腿，伸了一個大懶腰，扭了兩下屁股，便理所當然地趴了下來。小虎喜歡趴在我腿上，讓我從頭到尾順著毛摸牠。

貓有一種神奇的療癒作用，牠未必理你，但只要撫摸著牠，看牠舒服的模樣，再糟糕的心情也會慢慢變得舒服而平靜下來。

不久後，午睡醒來的媽媽走出房間，去廚房倒水喝，走回客廳時，順便也倒了一杯水遞給我。我想到那些莫名被人討厭的例子，實在覺得納悶不解，就當做是閒聊跟媽媽提起。但不知道是不是因為剛睡醒，媽媽聽了卻一臉不以為然，好像她兒子被人討厭很正常，沒什麼好大驚小怪的。

「傻孩子，你忘記自己的病嗎？我想那就是原因。」媽媽喝了口水，放下杯子，面露同情地對我說。

媽媽的話提醒我了，這才恍然大悟。

我是個無法笑的人。

有人說「微笑是最好的化妝品」，那麼，我應該是個醜八怪，因為我不能笑。有人說「笑容是最強大的武器」，那麼，我應該很弱小，因為我不能笑。有人說「微笑是最好用的語言」，那麼，我應該是個糟糕的溝通者，因為我不能笑。

對於一般人來說，「笑」是一出生就被賦與的禮物，在開心時便自然而然流露出來，當你想要表達友善時，它便能適時地表現出來，因為那是再簡單不過的事。但對我而言，這就像一道詛咒，因為我天生笑的能力與權利已經被老天給奪走了。

幾年前，我被檢查出患有惡性血管腫瘤，腫瘤位置就在我左邊臉部，尺寸不小，壓迫到左眼，並且將鼻子稍微擠向右邊。雖然媽媽沒說，我心裡明白自己的性命已經搖搖欲墜，幸好運氣不錯，經歷過幾次手術，我順利活了下來。卻因為腫瘤位置和一連串的治療，使得我的顏面神經損壞，從此左半邊臉部完全癱瘓，原本習以為常的微笑成了我難以做到的事。

醫生說我的情況就跟牟比士症候群（Moebius syndrome）患者一樣。牟比士症候群是一種罕見的遺傳病症，主要會影響患者第六和第七對腦神經，不能微笑，不能皺眉，甚至不能控制眼球的移動。

從此之後，我的臉上就像是戴著一張永遠都摘不下來的面具。如果一個人不能微笑，人際溝通就會出現嚴重的問題，別人容易對你產生誤解的印象，他們會認為你不友善，覺得你是不是怪怪的，甚至心生恐懼。

醫生還說，有個牟比士症候群的病人曾告訴他：「有些人誤會我是低能兒，也有人覺得我是精神病患，只因為我的表情木然，他們看不出我的情緒。」當一個人喪失了微笑的能力，在溝通上便出現了阻礙，因為沒有人能在一片荒蕪的表情上，找尋到蛛絲馬跡，於是人們便直覺認為「不笑，等於不開心、沒興趣，還有不願意與人互動」。

我不想像那個病人一樣被當成異類看待，於是每天早上我都會在鏡子前努力練習微笑，試著活動自己的臉部肌肉，用手指勾著嘴巴兩側，輕輕往上拉起，反覆做個幾分鐘，也會嘗試做閉著嘴唇微微一笑的表情。為了不讓旁人誤解我的喜怒哀樂，過去理所當然的笑容，如今卻必須用盡全力去練習。

後來，我放棄練習微笑了。

因為無論再怎麼拼命練習，甚至拉傷臉頰肌肉，我還是無法擁有正常的笑容。不笑只是沒有表情而已，反而故意撐起的笑容，感覺更為怪異、嚇人。以前覺得長相兇惡的人很可憐，現在則覺得他們儘管看來不友善，至少不會被人當成異類歧視，而且還可以用表情明確地表達自己的喜怒哀樂。無法笑的自己，才是真正的可悲。

聽到別人說笑話時，我也是有反應的，即使在內心笑得亂七八糟，對方仍然看不出來。與人接觸時，我也是帶著友善的、有禮的尊重，想要好好深入交流，只是他們看不出來。當對方表達意見時，我是理解的，並且想要贊同、支持，只是他們看不出來。不能微笑的我被人厭惡、害怕與歧視，難道是自己活該嗎？為何人們就不能友善一點對待我呢？

——善意是看不到的，但善行是能被感受到的。將自己友善的心意表現出來，這個世界也會對你敞開心扉。

或許你未曾想過微笑這件事，對於某些人是無論怎麼努力都做不到的，那只是一個簡單輕鬆的表情而已。既然如此，為何不試著多笑呢？笑，能讓人帶來安心感，能給予無限的鼓勵，甚至會帶來正面的力量。

假如一直懷抱著不好的心情面對任何事，往往只會得到不好的結果。想要擁有質感的生活，最重要的，就是讓自己盡量擁有好心情。將笑容高高地堆在臉上，美好的表情，也能帶來美好的回應。

人生中難免有些問題，是因為自己不被理解，而他人也不打算理解所致。因此，遇見任何人、事、物時，暫且放下所有成見，不要先入為主；那些原先被認定不好或不對的事，未必就是千真萬確的。或許是對方目前能給予的，不是你所期待的，但表面上你所看到的，也並不代表全貌就是如此。

在不理解的情況下，不要輕易對任何人下評斷；相信你也不希望別人在不了解自己的情況下評斷。每當遇上困難或感到脆弱的時候，你應該會希望他人能體諒自己的感受與處境。責難或忽視並不會讓情況好轉，但只要有人能施予一點點的善意與體貼，就能稍稍化解當下的低潮。

也許人們早已習以為常「以貌取人」，用第一印象來判斷自己該做什麼樣的回應。然而，不妨試著將自己的初步印象先擱放在一旁，藉由相處來評斷一個人。萬一遇到了莫名討厭自己的人，那也無所謂，就算被某些人不喜歡也沒關係，反正你的人生並不是非他不可，即使沒有他，你也能好好的活下去。與其等待別人對自己好，不如先探索如何做對自己好。還有，在能笑時請用力地笑吧！

分手處理師

「面對自己的人生時，是要懂得取捨的：
你想要未來有所成就，勢必得辜負愛情；
若你想成就完美的愛情，就要有放棄展翅的準備。」

—

是的，我的職業是「分手處理師」。

可能有人曾經在電視新聞、網路或是報章雜誌上知道我們這個行業，而且對於這份工作感到好奇或難以理解。有些人會認為我做的事是不道德、敗壞風俗的，關於那些批評，我倒覺得工作內容並沒有什麼糟糕的部分，有時還會覺得自己是在做功德，替人解決棘手問題，收錢當然也就心安理得。

據我所知，德國應該是全球最早出現「代理分手公司（Schlussmach-Agentur）」這個行業的。當時，德國業者的做法很單純，幫委託者打電話告知分手的處理費用大約是三十歐元；如果是替委託者當面告知分手，收費則是六十五歐元，再依前往的地點加收交通費。這是分手處理師的原型。

之後，在加拿大有人創辦了一個名叫「分手商店（the break-up shop）」的電商網站，販售許多與分手有關的事物，從寄一封分手電郵、簡訊或電話，還有超值的「分手大禮盒」可以選擇，教你如何平復心情與度過恢復單身的生活，像是甜點、心理書籍、電影光碟、電玩遊戲或成長課程等等。不過，並沒有提供當面分手的服務，我認為他們不能算是同行，只是單純販賣商品而已。

代客分手這件事之所以會受到關注與討論，主要是因為德國拍了一部《分手專家》的電影，讓世人知道有這行業的存在，而我也是因為這部電影才明白原來自己可以靠這項技能賺錢過活。現在歐美、日本與中國都已經有代理分手服務的公司，只是在名稱和服務內容的細節有些許差異罷了。

在學生時代，我已經開始做過不少類似的事情，因為我有一個換女友跟撕月曆差不多頻率的兄弟，高佻帥氣又風趣幽默，而且家境富裕，父親是小型婦幼醫院的院長，典型的高富帥公子哥。即使他不追求人家，也有不少女孩子主動示好，再加上他的個性容易陷入愛河，熱情總是來匆匆去也匆匆，很快就沒了感覺，最後不得不分手。偏偏那傢伙不想要面對提分手時，女孩子們的怨懟、糾纏與傷心。

有一次，他請我幫忙跟對方提出分手，結果非常順利平和。自此之後每一段戀愛面臨分手之際，他就會找我代為出面。回想起來，自己除了資質合適，後天還有無數次的分手「實戰」經驗，造就了我如此堅強的職業技能，這全都該拜他所賜。

——自顧著喜歡，自顧著想要，自顧著實行，往往不會有好結果。這世上的任何事成不成功，全與是否合適有關。

業界中，有一種分手處理師的接案做法是我無法認同的。他們專門協助委託者去拆散希望分手的對象，比方說，妻子想讓丈夫與外遇對象分手，或是母親想讓兒子與她自己不喜歡的女生分手。接到委託後，他們會先調查對象的背景種種，擬定好計畫後，可能是派人去追求外遇對象使其變心；又或是讓人去接近對方成為好友後，再從旁說盡壞話；甚至是請人假扮算命師，欺騙兩人命盤為大凶不合適。總之，使用各種手段讓對方主動提分手，這些行徑在我看來，並非處理分手，根本就是詐欺行為。

也許有人無法理解「分手」究竟為何會變得如此缺乏「人情味」，我想，這只是社會行為模式的演變，其實社群網站也開始做起類似的服務了。就像臉書，也準備推出分手工具，用戶不必使用封鎖或「斷交」功能，就能屏蔽前任的一切信息。當用戶把感情狀態改回「單身」後，臉書就會問你是否要把所有標註前任的貼文全部刪除，用戶也可以選擇不要讓前任看見自己目前的信息。臉書還在發出的新聞稿中表示，推出這項功能是為了方便用戶能更妥善地處理人際關係。身為一位分手處理師，對於這樣的處理方式我並不認同，不過只是另一種逃避而已。

我明白協助他人分手並不符合傳統觀念，長輩們認為促成良緣乃成人之美，應該要倡導如此美好的價值觀念才是。而分手處理師卻反其道而行，以結束戀愛關係為目的，豈不是一種成人之惡？

但，談戀愛本來就存在著兩種潛在結果：感情穩定發展，步入婚姻（或是雙方選擇不結婚，但依舊保持伴侶關係）；另一種結果則是事與願違，兩人出現重大或無法改善的問題。既然在相處時已經出現了難以跨越的障礙，或是其中一方已經不再願意努力下去，難道還要勉強他們繼續困在抑鬱寡歡的感情牢籠內嗎？為何不讓兩人順利分開，彼此各自重新追尋更適合自己的未來，這難道不是最佳選擇嗎？

——看似無情的轉身，或許是我們旁人不明白的祝福。
所謂的愛，如果沒有兩人共同感受的好，就是一種勉強。

多數人在談戀愛時，會試著學習如何追求另一半、經營一段感情。可是，在關係結束時，卻鮮少人知道該怎麼跟對方說再見，而我的工作不過就是替他們好好說再見，如此而已。

我替顧客分手的作業模式並不會使用電郵、簡訊或電話，一律都是當面洽談，我認為這是工作專業與職業道德，也是對委託人與被分手者的尊重。我的收費採標準均一價，美金三千元。

我相信有人聽到這個價格可能會大吃一驚，朋友笑說，這根本是辦離婚二十次的手續費。不過，我自認提供的服務絕對超值，我替顧客做的不只是宣告分手而已，還會盡量照顧被分手者的感受。每對情侶的關係就像是指紋般獨一無二，因此，我對每位顧客的服務也都是特別訂製的，我也希望以這個定價能讓顧客事前仔細思考是否有做出分手的決心，而不要事後才懊悔。對了，你也可以選擇分期付款。

此外，我接案並非來者不拒，有兩條謝絕承接的原則：第一，有財務瓜葛的一律不接，當雙方有金錢借貸或債務時會變得複雜，我能處理的就只是感情上的問題。第二，委託者不願讓對方明白分手真相的也不接，比方說是自己已婚或劈腿卻不想讓對方知道，因為我怎麼都不做欺騙或隱瞞的事。

朋友還問過我：「你收費不便宜，還有這兩條原則擋著，案子會多嗎？生活過得下去嗎？」我不敢說生意興隆，但至少生活無虞。

分手的理由實在琳瑯滿目、五花八門，基本款的像是個性不合、喜歡上別人，或是出國高就、八字不合、父母反對。我還曾遇過一方加入直銷產業、但另一半不想陪同而分開，還有因為參加宗教靈修課程沒時間約會而決定分手的；另外，還有一種分手的原因也滿常見的，就是「離開我，對他比較好」。

我對於委託者的分手理由大多抱持著中立的態度，不會去評斷好壞、對錯，尊重任何人都有自己的感情觀與價值觀。他認為理所當然的事，在你眼中或許匪夷所思；你覺得無法接受的事，在他眼中可能是小題大作。因此，無論委託者想要分手的理由是什麼，只要他真心認為分開對彼此都好，也有分手的決心，那就足夠了。而我的工作就是負責把委託者的心意交付到他想傳遞的人手上。

也許你直覺認為會找我處理分手的人都是糟糕的、不負責的，更甚者，認為這些提出分手的人根本就是負心人。但我卻認為這些人願意聘請分手處理師，絕大多數是尊重這段關係的，是想要好好負責、更不想要傷害對方的人，才會希望能夠替他圓滿結束彼此的感情。

提出分手或許是辜負了另一個人，卻也是當關係質變後不得不做出的決定，與其死抱著早已分崩離析或是淡然無味的感情，讓兩人盡早從關係的束縛中解放，這不是更好嗎？

感情需要兩人有共同的心意，一旦有一方無法繼續了，那麼，再怎麼想維繫這段感情也失去了意義。想分手，卻不敢說，才是最糟糕的；該分手，仍緊抓不放，那是最自私的。

——結束，是為了兩人能找到真正適合自己的全新開始；而不擅長好好結束，也不願承認結束才是最壞的決定。

我覺得自己的工作雖然主要是替委託者處理分手，同時也像是情感關係的溝通代理人。在我承接的案子之中，有不少伴侶到了分手當下都沒發覺到自己有什麼樣的問題，總認為問題全在別人身上，一味怪罪與指責對方。關係一旦走到末路，從來就不是某一方的問題，感情是因相處而來的，是需要兩個人相互經營，一旦在某方面出了差錯，也是兩人的相處上出現瑕疵，差別在於究竟誰的問題比較大而已。還滿多前來委託的情侶都有一種不清楚為何兩人的愛情會走到這一步的困惑，明明前不久還濃情蜜意，現在卻形同陌路、水火不容？這時，分手處理師就會負起讓雙方了解這段關係中各種問題的作用，為了要做好分手委託，我必須充份了解當事人的個性、背景、愛情觀、兩人相處狀況與分手的理由，這樣一來，才有辦法在照顧到雙方感受的狀況下，平順地讓彼此好好說再見。

舉個例子，有一對交往六年的情侶，女方家長從知道他們交往時就一直抱持著反對的態度，認為無論是家世背景還是個人條件，男方都配不上自己的女兒。交往這些年，情況一直沒有改善，女方覺得累了，如果自己的父母還是不肯接受，這段感情不可能會有結果，因此，決定向男方提出分手，不再浪費彼此時間，於是委託我協助處理。

我的標準做法是不讓對方知道我是分手處理師，先成為兩人的朋友，進而了解他們的個人背景與相處時的問題，這樣有助於之後擬定溝通策略，以及讓被分手者願意與我溝通。與他們長時間相處之後，我發現兩人彼此是相愛的，只是有結未解，導致走到今天需要由我來居中處理的地步。

我的委託人想提出分手，父母的反對只是其中原因之一，她真正受不了的，是男友沉迷於線上遊戲。看不到他努力上進、積極改變現況的態度，誇張的是，在他們吵架吵到一半時，男方收到朋友傳訊相約打線上遊戲團體戰，架沒吵完就丟下她跑去打遊戲。這讓委託者感到心灰意冷，又想起父母的反對，便決心不如結束這段感情算了。

而男方則覺得，面對女方家長的質疑時，女友並沒有明確表現出站在他這邊，因而受到不小的打擊。長久以來，女友也沒有督促他改變現況，更沒有感覺到她的堅定支持，他拉不下臉與女友談自己的感受。明明想要依賴，卻要違背心意而表現出無所謂的模樣，內心的失落感便越積越沉重。於是，乾脆躲進電玩遊戲的世界，也是對於現狀的抗議。

然而，男方所感受的不理不睬，卻是女方自以為的體貼。她那些無所謂的表現，只是不想給男友壓力，也擔心自己管太多會讓他覺得麻煩或是自尊受傷，結果卻被男友誤解為不關心、不支持。導致男方為了無謂的面子與不成熟的逃避行為，一點一滴地壓垮了女友對於他們愛情的信心。

我與男方長談，讓他了解女方的想法，以及我所發現到他們兩人在溝通上的問題，然後告知女方分手的訴求。當然，這些都按照事先擬定好的策略，在最適合當事者的場所、時間、說法與步調之下依序進行。結果，男方哭了，沒有放聲大哭，而是靜靜的、淚水卻不斷奪眶而出。有時感情走到盡頭，選擇分開一途，不是不愛了，而是忘了當初是為了什麼而在一起。

最後，兩人並沒有分手，他們充分理解了彼此內心一直沒能說出的想法後，決定給自己再愛一次的機會，至於女方父母的反對，對於目前來說是次要問題，先克服兩人之間的相處才是最重要的。

——愛，確實重要，但在愛裡面，我們追求的是理解。唯有被理解了，什麼才都對了。

談戀愛時，要盡量將自己心裡的感受表達出來，不要假設對方會懂，更別認為他應該要懂。我知道很多人會期望不用自己說出口，對方就能明白，認為這樣才是真正懂你的人。但，別人的世界不可能只繞著你轉，也不會時時注意到你的感受。你以為對方應該懂，但對方也認為你應該說，這種情況下，只會換來彼此的難過與失望。

我從事這行之後，最大的感觸是愛遠比我們想像中的還要困難太多了。想要好好地維繫一段感情，一定要非常、非常、非常用心才行。

你喜不喜歡，他合不合適，你們能不能在一起，是三件完全不同的事。即便你再怎麼用心，另一個人卻沒心，就算彼此再怎麼契合，這段關係終究無法成事。

並非每位顧客都是沒勇氣提出分手才來找我的，有不少案子是委託者自己已經嘗試談過，但結果不如預期，不得不委託我出面。比方說，對方情緒激動到根本無法繼續談下去；或者對方不願分手，而將兩人的關係拖著不結束。

有個案例是委託者無法接受女友吃素。兩人交往了五年，女方在兩年前開始吃素，委託者非常不習慣也不認同，便向她提出分手，可是女方不同意，三天兩頭就來哀求，導致兩人的關係陷入僵局。

「她有強迫你也要一起吃素嗎？」我一邊忍受委託者身上濃濃的古龍水味，一邊試著理解案件背景。

「沒有。」他回。

「所以，你不習慣的點是什麼？」我再試著問。

「一起出去吃飯時，找餐廳變得很麻煩。」除了香水味，他說話時不停用力抖腳也讓我感到不舒服。

「如果改成去素食餐廳，或是選擇在家自己煮呢？」

「我為什麼要配合她？」

與男方詳談後，我依標準作業流程，先認識對方，然後了解個性、背景、想法與相處模式，接著擬定溝通策略，最後告知女方委託者的訴求。

「為什麼我要因為吃素而被拋棄？」她憤憤不平地問。

「所以妳才應該要覺得開心。」我說。

「為什麼？」

「只因為妳吃素就要分手的男人，為什麼還要留戀？」我見她沒回話又繼續說：「很多時候，我們以為的失去，其實是人生中必須經歷的去蕪存菁。」

委託者的女友最後同意分手。雖然有失專業，但我真心覺得她應該慶幸分手，一個不願為你做一點點配合的人，代表他是個自私、只愛自己的人。

有些再見，是為了重新開始、為了下次的相見；但有些再見就真的是再見了，而且是再也不見，那是為了讓你可以保有自我或找回自我。然後，慢慢了解到那些失去之後能轉變成一種獲得，那些曾以為的遺憾其實是對自己的成全。

分手，可以是愛情的另一段延伸，好讓彼此都可以有機會找到真正適合自己的人。

那些無疾而終的愛，大部分是充滿了不堪，然而，我們不該一直用那些不堪來折騰自己。難免不甘心，可是讓不甘心拖累了自己的人生更不值得。唯有跟那些錯誤和解，試著讓自己放下，才能不留遺憾地繼續往前走。

——有人認為愛情可以超越一切。然而，愛只佔了你的一部分，真正不能辜負的，應該是自己的人生。

關於代客分手，有些人樂意有人為自己解決棘手問題，當然也有不少人認為，由外人來處理分手的做法太絕情。對於評價，我向來皆以平常心看待，任何人事物都是一體兩面，若非得要分出對錯、黑白與好壞，只會把現況弄得更糟糕而已。

勸和或勸分，究竟哪種是正確的？兩人在一起或分開，是全然不一樣的人生，又有誰能保證哪一種人生會更好？無論選擇了哪一邊，對於另一邊的人生都只能想像，那是對現實失望時的想像，是傷心難過時的想像，是孤單寂寞時的想像。到底要繼續在一起，還是分道揚鑣比較好，誰都無法預言。

人生，就是一種取捨。某些事，明明是錯的，卻還要繼續堅持，那是不甘心在作祟；某些人，明明是愛的，卻不得不放手，那是因為清楚無法一起走到盡頭而做出的成全。

取與捨，是當下。得與失，則是在未來。

樹洞的——秘密

「正因為這個世界漏洞百出，我們才需要從中找個溫暖的樹洞，讓自己暫時躲藏、安心傾訴。以免久而久之，心裡也會破了個洞。」

—

「我跟妳說，那隻老猴又把我的提案退回來，老娘今天早上在他的辦公室罰站了一個小時，聽他講古。說一堆在天上飄的屁話，根本沒辦法做得到！馬的，現在只剩下不到一個月的時間，活動就要開始，再不定案都快開天窗了，都已經火燒屁股，還在刁難我，實在太誇張啦！」

王韻說話像連珠炮似的，劈哩啪啦對著同事淑芳抱怨。午餐時間，她們兩人特地走到距離公司大約步行十五分鐘的美式早午餐店用餐，這間店非常有名氣，紅到連國外觀光客都會專程安排前往，主打使用有機蛋及手工麵包，餐點選擇多樣，沙拉漢堡鬆餅貝果牛排，應有盡有。她們特地挑選這間店，除了餐點美味，另一個原因就是離公司較遠，鮮少有同事來，可以安心抱怨工作的種種鳥事。

王韻雖然年紀輕輕，才跨過三十歲不久，可是學經歷十分漂亮，國內頂尖大學畢業，之後前往英國讀商學院，接著再去日本學習商業設計。回國後，進入日商企業，只花了兩年就升上行銷經理，後來轉職到網路新創公司。

不久前，為了尋求更穩定、有發展性的工作，她跳槽到現在的公司，這是一間全球排名前五十大的跨國企業，擔任熱銷商品的產品經理，在公司相同位階中是最年輕的一個，待遇與福利絕對人人稱羨。但，對王韻來說，她並不認為這有什麼好值得羨慕的，只覺得每天到公司上班是一件折磨人的事。

王韻的痛苦來自於她的頂頭上司，產品事業群的大主管，掌管該外商企業在國內大部分的業務內容。雖然有幾個主管與他同樣位階，但實質上，他是僅次於分公司總經理的第二號人物。可惜的是，位高權重的人未必德高望重，這位大主管在員工間的風評並不好，有人比喻他是現代男版慈禧太后，專門向高層打同事們的小報告，發動政變，好順勢坐上大位。在位期間致力於剷除異己，對內重用聽話順從、會拍馬屁的人，並打壓意見多、能力好的人；對外則是為求帳面數字好看，到處割地賠款，用獎金補貼換取客戶訂單，搞得許多員工怨聲載道、苦不堪言。因為他個子不高，身型又瘦又小，眼圓臉長，還有一副招風耳，再加上突出的顴骨，讓王韻覺得他很像一隻猴子，因此，私下跟人抱怨時便叫他「老猴」。

王韻到職沒多久，老猴就坐上大位，他們時常在工作上意見相左，加上她看不慣老猴的行事作風，但礙於對方是頂頭上司，無計可施，讓她幾乎天天萌生離職的念頭。人生有太多莫可奈何的事，偏偏自己的老闆是個混蛋就是其中一件。

或許是王韻個性使然，雖然活潑爽朗、能力優異、口才便給、做事勇於創新，可是鋒芒畢露，容易讓共事的人感到壓力，甚至說是威脅也不為過。因此，在同事間的評價兩極，有不少喜歡她個性的人、欣賞她能力的人，卻也有不少討厭她、防備她的人。

淑芳是王韻在公司裡少數能談心的好同事。她比王韻大幾歲，個性親切隨和、穩重大方，總是笑臉迎人，而且是那種令人感到溫暖、容易親近的笑容，因此在同事之間的人緣不錯。她的職位是營業副理，不過，實際的工作內容是老猴的秘書，而且與王韻不同的是，她的身分是約聘人員。

公司為了降低人事成本，只有少數是編制內的正職，大部分員工是藉由人力派遣公司簽約的約聘人員，採一年一簽制。也因為不是編制內員工，他們無法享有跟正職人員一樣的福利，然而即便如此，還是許多人趨之若鶩，畢竟是全球排名前五十大企業，對於多數人來說，就算最後無法被續聘，放進履歷中也是談下一份工作時很有利的籌碼。

雖是約聘員工，淑芳在公司已經待了將近八年。王韻剛來沒多久時，曾替她抱屈，明明條件與能力都很優秀，卻遲遲無法轉成正職，實在太不公平！淑芳聽了反而笑著回答：「如果公司要裁員，最優先處理的是正職員工，因為公司養你們花最多錢啊！」這番話倒也不全然是玩笑話，淑芳曾經歷過公司組織重整的那一波大裁員，看到許多原本風風光光、不可一世的正職同事被公司無情丟棄。王韻感嘆，社會是現實的，職場也不是公平的，並非所有努力都能得到相對的回報，也不是每個人的能力都能換來應有的尊重。

王韻和淑芳雖然在同一間辦公室，能夠一起吃飯的時間卻不多，她們幾乎天天行程緊湊，忙得團團轉，一個會議接著一個會議，不是在公司裡的不同會議室之間轉換，就是在鱗次櫛比的辦公大廈之間穿梭。

「我們公司大概是少數只需要員工開會就能賺錢的企業吧？」淑芳曾經用開玩笑的語氣給剛報到不久的王韻心理建設。

——生命中最值得欣慰的，莫過於在低潮時有幾個可以傾訴的人。即使是你的沉默，他也能靜靜解讀。

因為忙碌，她們大概一至兩周才能抽出時間相約吃一頓美味的大餐、吐一吐苦水，不過吐苦水的人通常是王韻。

老猴經常刁難下屬，要求他們按照自己的意志行事，領導者確實有義務與權利帶領部門朝著目標前進，一旦領導者給予的方向及做法是無法讓人信服的，甚至是被懷疑其背後的動機，對大部分的下屬都是無法接受的；只可惜，因為老猴身邊圍繞的眾多狐群狗黨，他們總唯諾奉承，將反彈的聲音壓到最低，這種時候，王韻就會忍不住發難質疑。後來，老猴在做某些決策與討論時，乾脆把王韻排除在外，當她發現身邊的氛圍有了變化，除了保皇黨明顯排擠她，有些同事也開始與她保持距離。讓她感受到人情冷暖與職場的不公，如果沒有實力與權力，不是選擇瀟灑離開，否則就得選擇忍耐、或讓自己變強。

王韻選擇了暫時忍耐，淑芳是她決定留下的原因之一，不只兩人感情融洽，像是姐姐的淑芳勸告她的一段話發揮了重大的影響。

她說：「要離開很容易，以妳的條件要找到不錯的工作並不困難。可是妳有想過嗎？即使到了新的環境，還是可能會面對到各種不公平，難道要一直選擇逃避下去嗎？沒有足夠的實力，就永遠只能屈於弱勢；與其逃避，不如試著堅持，讓自己累積起不得不被尊重的實力。」

堅持比想像中更加困難。老猴的刁難變本加厲，有幾件王韻想繞過他偷偷執行的專案也被發現而告吹。她的工作總是得不到同事的支持與協助，在公司的處境越來越艱難，幾乎陷入孤立無援的地步，但她仍然咬牙撐下去，因為不想半途認輸，這麼容易便宜了老猴。不過，苦悶委屈的心情還是需要找到出口，否則累積在心裡的火苗總有一天會引爆，她只能在部落格偷偷寫日記紓發，不然就是偶爾找淑芳訴苦，聽聽她的意見與開導。

「哎唷，要拖就讓他拖吧，萬一真的開天窗，死的不會只有妳，他也會去掉半條。所以放心啦，他肯定不敢拖太晚！」在王韻一連串抱怨這幾天老猴對自己的惡行惡狀之後，淑芳用這段話做了總結。

將這兩天憋在心中的怨氣吐完，又吃了一頓美味的大餐，總算撫慰了王韻混亂又疲憊的心，她覺得自己又有能量與老猴再戰三回合。午餐結束後，她與淑芳就地解散，各自應付接下來忙碌的行程，即使是再交心的好朋友，各自也都有自己的關卡要面對。

想要升級過關，需要足夠的經驗值；想要經驗值，就得要斬妖除魔才行。

王韻往捷運站的方向走，趕赴經銷商的會議，一邊走一邊回想淑芳的話，覺得她真的是成熟、懂得包容、又有人生智慧的好朋友。想起之前曾經在網路上看到的一段話：「沒有真正幸福的人，只有能夠看得開的人」她心想，這根本是在說淑芳啊，希望自己將來也能變得跟她一樣成熟。

——我們終將被現實慢慢磨去了稜角，用世故偷偷掩藏了鋒芒，未必是圓滑或現實，而是明白與其計較，不如放寬心善待自己。

總算撐過忙碌緊湊的一周，到了星期六，王韻索性睡到中午才起床，接著準備與許久未見的大學同學的午茶約會。約定的地點就是前幾天她和淑芳吃過的那間知名早午餐店，雖然她想去其他餐廳嘗鮮，不過，既然同學負責挑選地點，就配合人家吧。與朋友出門時，她向來懶得想行程，要吃什麼或去哪裡玩，最好都由朋友規劃好，她只需要人出現就好。似乎不少在工作需要大量動腦的人，在工作之外的生活是能不用腦就最好盡量不用。

沒想到周休假日，早午餐店的生意好得更加誇張了，門口附近圍著好幾組等待叫號的人。王韻看到顯示等待組數的電腦燈號，心想還好有訂位，不然現場排隊的話，等到能坐進店裡時，大概已經不是下午茶，而是晚餐了。帶位人員領她們至二樓的用餐區，二樓空間不小，桌數應該至少有二三十桌，座無虛席，人聲吵雜。她們的座位就在樓梯口轉角不遠的兩人桌，服務生將菜單放下後離開，王韻看菜單時，發現在她右前方相隔五桌的位置瞥見熟悉的面容，而那個人就是淑芳。

王韻覺得很開心也真湊巧，沒想到休假出來吃飯還會遇到好同事，原本要上前向淑芳打招呼，卻發現與她一起用餐的人是男性，從兩人互動看來關係匪淺，讓王韻猶豫是否該去打擾人家。因為淑芳從未跟她聊過感情生活，於是她在內心偷笑：「原來已經有男朋友，居然都沒講！」

但，再仔細看那男人的背影，王韻差點飆出髒話，那個身形、那對招風耳，不就是自己鄙夷不屑、極度反感的老闆「老猴」嗎？淑芳居然跟有婦之夫在一起，而這個有婦之夫還是個糟糕的王八蛋，是自己經常對她抱怨的那個王八蛋。

目睹這個事實，讓她瞬間體會到信任被剝奪，就好像有人從你的內心裡快速抽掉了什麼，原本該包覆著、保護著自己的屏障，突然間消失了。沒有了那份安心、溫暖，讓她覺得全身發冷，而且還冷到頭皮發麻。

淑芳好像也發現到她了，但王韻卻假裝沒看到，刻意將目光避開淑芳那桌，因為她一時不清楚自己該怎麼面對這突如其來的現況。那天的午茶約會，她完全不知道自己跟同學到底聊了什麼，也不清楚自己到底吃下了什麼。

——**背叛之所以可怕，正因為它打破了原有的模樣，摧毀了原本的想像，而這是你的敵人所做不到的事。**

當晚王韻就收到了淑芳的訊息，她沒有立刻閱讀，因為心情還沒能這麼迅速平復。她睡了很沉很沉的一覺，醒來後，在恍惚間拿起手機開啟了訊息。

「我想，妳應該對我很失望，不過，他的為人並沒有你想像中的那麼差，我非常需要這份工作，他能夠確保我的工作。我並不會奢望你能理解，只求你不要將我們在一起的事告訴其他人。」

王韻確實無法理解，明明是條件很好的女人，為何要選擇如此不堪的感情，難道為了保全一份工作，可以做到出賣友情、肉體甚至靈魂的地步？她永遠都做不到也不想去理解。

比平常憂鬱星期一還要更憂鬱的星期一早上，王韻在公司樓下等電梯，老猴忽然出現在她旁邊，在耳邊輕輕對她說：「妳在打什麼主意，妳說過我什麼壞話，我全都知道，因為有人會告訴我。」

偶爾會有這樣的情形：你以為自己只是在對著樹洞大喊，才會發現樹洞裡面，原來裝有擴音喇叭。

有人即使全世界背叛你，他也會站在你身邊；然而，也會有人選擇站在你身邊，就只是為了背叛你。不是所有的友情都會變調，但請記得，只要說出口，秘密就不再是秘密。

那些領悟

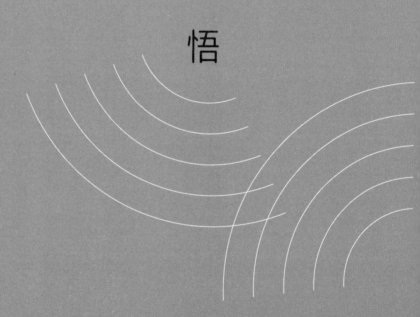

以為跨不過眼前的難關，其實
跨不過的是自己的心關。阻礙
我們成長的，往往都是自己。

我是這樣學會——游泳的

「大部分的人都想要安逸，但必須提升自己，擁有了足夠的能力，才有資格享受安逸。」

—

不知道你是怎麼學會游泳的，而我是在入伍服義務役時學會的。這是我在軍中唯一學習到出社會後，還有一點用處的技能。

我在民國八十四年六月入伍，服役的軍種是海軍，新兵訓練中心位於高雄左營。那年夏天異常炎熱，南台灣的熾熱陽光簡直像是要把一切都融化似的，毫無保留地將光和熱解放。我還記得走在通往新訓中心的柏油路時，腳下的球鞋鞋底彷彿就要黏在柏油上，每走一步就發出嘶嘶聲響。

不過，很快地我就非常慶幸自己是在六月的酷暑中進入海軍服役，而不是在冬天。因為我實在不敢想像在十度以下的低溫日子，泡在冷水池一整個下午會是什麼滋味。

海軍的新兵訓練項目，除了與其他軍種相同的基本操練之外，最重要的項目就是游泳了，每個新兵必須學會用蛙式游完兩百公尺才能結訓。所以只要是沒有下雨的日子，我們幾乎都在游泳池度過的。

在炎炎夏日，能夠整天泡在水裡，聽起來好像挺不錯吧？真的，對於入伍前已經會用蛙式游泳的新兵來說，確實爽快又輕鬆。但對於像我這種旱鴨子來說，根本就是身處地獄般的痛苦。

——願我們擁有好運，如果沒有，請學會在不幸中勇敢，請學會在不順中看開。好運總有用完的時候，唯有心能夠帶領我們度過灰暗。

我不會游泳的原因其來有自，大概是從我有記憶以來，不知道為何，總是對有人游泳溺斃的新聞特別注意，再加上周遭親友很愛穿鑿附會，喜歡講各種千奇百怪關於水鬼與水怪的傳說給我聽，因此，從小一直認為「水」不是什麼好東西。綜合以上，在我當兵前的觀念，把自己泡在海、溪、河或湖裡，那都不是正常人應該出現的行為。

在海軍新訓中心的倫理，除了比官階、比梯次之外，還有一種隱性的階級制度，那就是游泳的能力。於是，像我這種完全不會游泳又「菜逼巴」的新兵，在教育班長眼裡，大概就跟他臉上的痘痘一樣，想擠又怕留疤，不擠又心裡難受。

游泳課程通常分成三段，第一段是蛙式分解動作操練，第二段是下水游泳練習，第三段是自由活動時間。是的，你沒看錯，我們有自由活動時間，在這四十五分鐘只要你不離開班長的視線，可以抽菸，可以聊天，可以休息，隨你高興。不過，這個自由時間只開放給已經會游泳的人。

而像我這種旱鴨子菜鳥的游泳課程也是分為三段，第一段是蛙式分解動作操練，第二段是下水游泳練習，第三段還是下水游泳練習。看起來沒什麼差別，只是第三段人家在休息，而我們要繼續練習。

如果你覺得這兩者沒差別，那你就太小看我們素以裝備精良、訓練紮實著稱的國軍了。

其實，第三段的練習才是真正的重頭戲啊。

如果我的記憶沒錯，訓練用的游泳池兩邊水深各為一百八十公分，越往中間地帶，水位就越深，中間有一段水深達三百公分，也就是說，就算你身型巨大如前ＮＢＡ球星姚明，不會游泳的話，同樣會滅頂。

而我們這些旱鴨子就是在那個最深的區域開始第三階段的下水練習。不，比較正確的說法應該是「吃水練習」。

當我第一次聽到班長的命令時，直覺是我聽錯了。一定是聽錯了！

這可不是開玩笑的，把我們這些連在池邊用腳打水都浮不起來的旱鴨子丟在完全踩不到底的水裡，根本是存心要我們為民族為國家慷慨赴義啊！

班長命令我們下水的時候，大夥在池畔站成一排面面相覷，說來丟人，我們一點都沒有革命軍應有的拋頭顱灑熱血的英勇精神，完全沒有人肯服從命令跳下水。

但是我看到班長露出一抹意義深遠的微笑，似乎早預料到這批B段班除了不成材，而且個個都是孬種。

「很好，耳朵都聾了，聽不懂我的口令是不是？其他班兵注意！誰能丟一個人下水，我就讓他去福利社買飲料！外加今天一整天的『菸牌』[1]！」

果然重賞之下，必有勇夫。這時候，什麼同袍之義，什麼患難之情，比起能有幾分鐘的自由與吞雲吐霧的快感，統統都只不過是個屁而已。那些平時與你把酒言歡、稱兄道弟的同學，個個都像是聞到鮮血的餓狼，爭先恐後地向我們逼近。

「來，眼睛閉著，忍一下就過去了……」

「上道點，別反抗，我會丟輕一點的……」

「配合一下嘛，等等去福利社我幫你買東西，好不好？」

那些A段班的同學們你一言我一句地，開始分工合作，有人負責抓手，有人負責抓腳，準備一個一個把我們丟下水。他們當時說的話，現在回想起來，簡直跟男人打算騙女人上床時所說的話沒什麼兩樣。

霎時之間，現場有如人間煉獄，慘絕人寰，鬼哭神號，我四周全是「救命啊」「放手啊」「不要啊」的呼救聲此起彼落，中間穿插著有人被丟進池中的啪噠聲響。士可殺不可辱，我哼都沒哼一聲，只是像隻無尾熊死命地抱著池邊的跳水台不放。

1註：菸牌係指准許抽菸的權利。

不過，雙拳難敵八九十手，終究還是難逃落水的命運。人家說：「好運永遠不會敲兩次門，敲門的十次有八次是你的債主。」我覺得這話說得真好。

我先是聽到自己落水時「啪噠」的聲音，接著，便感覺被丟入池中的力道把我推進更深的水裡，眼前白茫茫的一片，沒多久後則變化成由池水與陽光混合出來的奇特顏色，一切都是模糊的。我試著告訴自己要冷靜，可是完全起不了作用，我只想到：「他媽的，我的好運還沒來，生命就要結束了！」

我吃了很大一口水，甚至有部分跑進肺裡，我能感覺到嗆水時，水在胸腔內撞擊。我拼命掙扎，將自己的頭努力露出水面呼吸，但在水面上還沒吸到足夠的氧氣，身體就不由自主地再度往下沉，情形就這樣一直反覆著。

不久，情況更加惡化了。

人在快溺水時都會有本能反應，想要抓住身邊可以抓得到的任何東西。於是，一群快溺斃的人就在水裡互相拉來扯去，這個人快要浮上去，又被那個人拉了下去，結果，沒有誰可以真的能浮上水面，有一度我確確實實在意識裡出現「我就要死了」。

突然間，我看見一根又粗又大的竹竿出現在眼前，平時根本不會多看一眼的竹竿，現在看來簡直是婀娜多姿的美人，多麼清晰、多麼動人，大夥立刻用著抱美人大腿的方法緊緊抓牢竹竿。

「得救了！」我心想。

我看到兩個教育班長分別站在泳池兩側各自拿著長竹竿。

「幹，這些王八蛋總算還有點人性，終於肯救我們上岸了。」我那時怎麼會有這麼單純無知的念頭呢，真的是好傻好天真。

那些王八蛋並不是要拉我們上岸，而是用竹竿把我們推回泳池最深的區域。對，就這麼機歪，這才像是教育班長應有的風範啊！

於是，我們整整四十五分鐘的課程，就一直在泳池裡載浮載沉，不停吃水掙扎，不斷被竹竿拉起又推入……

——很多時候，真正讓人感到絕望的是你以為有人會拉你一把，結果卻是推你一把。

就這樣兩個月過去，在鐵的紀律及愛的教育之下，我順利完成新兵訓練。結訓測驗時，我居然真的游完兩百公尺。

海軍部隊裡流傳著一句名言，或許真的有其道理在。

「學會游泳最快的方法，就是吃水、吃水，不斷吃水。」

假使不是因為抽中海軍服役，假使不是被強迫學習，我相信自己很可能這輩子都不會游泳了。雖然就算不會游泳，對於我的生活並不會造成影響，人生也不會因此而有巨大的改變，不過，學會游泳這件事確實在我內心埋下了某個觀念的種子——

學習的過程，很辛苦、很枯燥，甚至有時會讓我們感到恐懼。但，撐過去了，那些成果將會永遠留在身上，然後會在生命中某個時刻幫助到自己。

——現在經歷的痛苦、煩惱或辛苦，全都是為了有一天，可以有能力完成我們想要做到的事情。

我曾寫過，成長最快速的方法，不是學習，而是挫折與打擊。

正因為被丟在踩不到底的池裡，為了求生，逼著自己習慣水、不再懼怕水，然後漸漸學會與水相處。很多人說，要踏出舒適圈，才有更多機會體驗全新的事物，激發更大的動力與潛能，確實是有其道理的。但或許可以用「擴大舒適圈」的方式，而讓自己更自在一點、更安全一些。畢竟像我學會游泳的方法，那實在太激烈了。

當你懂得慢慢擴大自己的舒適圈，面對陌生環境、嶄新的事物或挑戰時，便不會畫地自限，而願意放開心胸去接受、去嘗試，不會因為害怕而逃避退縮，不會因為安逸而裹足不前。或許有很多人跟我過去一樣，會對於某樣事物感到困難，甚至懼怕，認為自己沒有天分、沒有才能，所以不要浪費時間，不必嘗試，早點放棄也好。但，往往我們信以為真的事物，未必都是正確的，很可能是自己的心魔，只要克服心魔就能做到。也許你沒有天分，可是所謂的才能，有時是從「相信自己可以做到」而被激勵出來的。

有機會就試著學習，有問題就試著解決，你所學過的每一樣東西，所遭受的每一次難關，只要經歷過了，將來都將有派上用場的時候。難免會受到挫折，但不必自怨自艾，你現在為了困境與打擊所做的努力，都是為了將來而累積能量，撐過去，你將變得更強大。

待在舒適圈沒什麼不對，還不確定自己想做什麼，至少先把目前能做到的做好；還不知道自己該走什麼路，不如先踏好眼前的腳步；還不清楚自己適合什麼樣的伴侶，那就先懂得善待自己與身邊的人。不要停止讓自己變得更好。

假使你不明白現在所做的到底是否有意義，沒關係，只要確定自己不是空等機會，不是無所事事，也不是好高騖遠，暫時迷惘難免會有，至少你持續在做。沒有任何付出是沒有意義的，慢慢把自己的舒適圈向外擴大，它便會成為你奠定未來的基石，總有一天，將助你踏上更高的地方。拖延，只會讓你慢慢喪失前進的動力。只要開始做了，你將發現其實並沒想像中那麼麻煩。

很多時候，你以為跨不過眼前的難關，其實跨不過的是自己的心關。阻礙我們成長的，往往都是自己。

或許，有人會提出「那樣可怕的訓練方式，為什麼不去申訴呢？」這種離經叛道、不忠不義的問題，會這麼問的人肯定沒當過兵，如果你當過兵，並且曾經看過在「榮譽團結委員會」中對長官提出建言的同僚，你應該能明白下場會怎樣。不過，我聽說現在軍中的狀況已經不同了？

捷運日常

「在我們周遭充斥著各式各樣的人際關係，沒說破時相安無事、情義值千金，可一旦說破了，便一文不值。」

—

周五早上的捷運，過了最擁擠的尖峰時段，乘客雖然還是不少，但車廂內已經有少數空位。秋宇和同學們搭乘的是所有捷運路線中最長的路線，沿著河岸線，貫穿整個城市，途經住宅區、大學校區、商圈、轉乘站、醫院及著名觀光地區，因此，就算是在非尖峰時段的運輸量也十分可觀。

因為今天只有上午一堂課，之後就沒排課，於是秋宇和幾個同學相約課後去郊區走走，目的地就在這條捷運線北行的終點站，大概需要四十分鐘左右的車程。他們從大學附近的捷運站上車時，雖然有一兩個空位可坐，但他們一行六個人，便一起站在車門附近聊天。他們聊天的話題圍繞在班上某個美女同學的戀情傳言，秋宇對這種事向來沒什麼興趣，不過，礙於同儕壓力，如果讓其他人感覺到自己不想參與，說不定會被他們貼上「不合群」標籤，不知會在背後說什麼難聽的話語，只好假裝對於這個話題很投入。

「你們知道嗎？我那天在書店遇到她跟籃球校隊的學長互動親密，感覺很像在約會哦！」有位同學說，接著眾人發出驚呼聲。

「天啊，我以為她跟班上的『韓星』交往，太意外了！」班上有個韓國血統的男同學，高佻帥氣，就像明星一樣，大家都叫他「韓星」。

「對啊，不知道他們分手了沒，說不定根本是腳踏兩條船呢！」

「韓星好可憐哦，喜歡上這種女生，他自己到底知不知道被劈腿啊？」有幾個人露出幸災樂禍的笑聲。

話題繼續著，秋宇沒發表什麼意見，大部分時間都在聽其他人說，偶爾對他們的話做出反應，有時是笑聲，有時是驚嘆。她發現到自己與同學的嘻笑聲量有點大，因為周遭的乘客面露不悅的表情，於是她稍微降低自己的音量。但是，她並不打算提醒同學們，反正若真的有人受不了就會出言制止，何苦自己來當壞人被同學討厭呢？她看過太多勸告或阻止同學的人之後的下場，她一點都不想像他們一樣被排擠。

——這個社會微妙之處在於多數就是正義，而意見不同的就會遭受排擠。欺凌的方式未必是行為，更多的是態度。

過沒多久，列車抵達市中心，因為是主要轉乘站，下車的乘客不少，車廂陸續出現一些空位，不過，上車的人也很多，空位一下又被人補滿。原本只是尋常的靠站暫停時間，突然在一群歐巴桑蜂擁而上後變了調。

「遐有位！遐有位！」一頭頂著紫色挑染的老太太箭步如飛領頭踏進車廂，手指著空位操著臺語大喊，她身後跟著幾位同伴魚貫而入。因秋宇一票人站在門口附近，幾個歐巴桑就從他們之間穿了過去，其中，還有一位閃身而過時在嘴中碎念：「怎麼全都擋在門口啊？」

列車啟動，結果只有三個歐巴桑有座位可坐。坐在椅子上的歐巴桑便對站著的同伴說話了：「無要緊啦，等咧邊ㄟ的小姐會讓位啦！」

被她這麼一說，坐在旁邊的小姐怎麼好意思繼續坐著，只好與她的朋友起身將兩個座位讓給老太太們，走至車廂的另一側。說話的歐巴桑表現出一副理所當然的自滿神情，小姐一離開後，兩位站著的老太太立刻開心地一屁股坐了下去。秋宇看到這一幕，在心裡感嘆著「我以後一定不要變成她們那個樣子」。

秋宇想起她的外婆。爸媽離婚後，她跟著媽媽一起生活，為了維持家計媽媽必須出外工作，在旅館做櫃臺接待員，雖然是上班四天休息兩天的排班制，但是一天的工時很長，早上七點到晚上七點，因此，平時都是讓外婆來幫忙照顧年幼的秋宇。秋宇小時模樣可愛，天真活潑，個性討喜，外婆很疼愛她，她也喜歡黏著外婆，祖孫感情非常好，不過，她們的關係到了秋宇進入青春期後開始有了轉變，無論是母女或祖孫的相處上經常出現衝突，彼此越來越疏離。

外婆覺得秋宇沒大沒小、沒禮貌、沒有女孩子該有的模樣。而且兩人講話時，總是對她愛理不理，要不就是敷衍回應一下、口氣很差，有時念個兩句，秋宇就會直接反駁忤逆。外婆更看不慣秋宇的短髮造型與穿著打扮，完全像個小男生，還經常穿有破洞的衣褲，一副乞丐模樣。

秋宇才覺得外婆沒禮貌、沒公德心，她會不顧旁人感受在路邊抽菸、吃完的果皮會隨地亂丟，還說是「天然的肥料」。坐公車時大聲講電話、不戴耳機用手機看影片，還有愛貪便宜的心態也讓她受不了，有時會為了沒搶到優惠商品而跟人大吵大鬧，跟外婆一起出門讓她很丟臉。

秋宇受不了大人們不約束好自己的行徑，卻總想要控制孩子的生活、干預孩子的人生。大人都太自私了，他們大概不能理解或是早已遺忘了，國中生有國中生的煩惱，高中生有高中生的不安，大學生也有大學生的迷惘。

你們大人有你們的問題需要解決，我們也有我們的環境要去面對。大人總希望我們聽話乖巧，卻不願意好好聽我們說話，自以為自己的價值觀就是正確的，沒有按照他們的想法就是不乖、不孝，從沒想過孩子是獨立的個體，為何要讓孩子成為大人自我價值的延伸？

——「長大成人」與「長成大人」是不同的兩件事。倚老賣老，只是虛有年紀；懂得謙遜與體諒才是真正的大人。

剛才上車的那群歐巴桑身穿相同的慈善團體制服，從上車開始就嘰嘰喳喳講個不停，而且音量越來越大，讓人以為來到特賣會場。兩位老太太坐下後，就只剩下一個同伴還是站著。這時，那位頭髮紫色挑染的老太太突然起身走到對面的博愛座，將原本閉眼休息的小姐叫醒。

「妳知道妳坐的是博愛座嗎？起來讓人家坐，現在的年輕人都不懂得尊敬老人家嗎？」紫髮老太太正色痛斥。突如其來的情形，秋宇和同學們面面相覷。

「無要緊啦，只是站一下而已，我沒問題啦！」站在一旁的老太太趕緊緩頰。

「不行，不懂做人的道理就是要教，恁說對毋對？」紫髮老太太轉頭問其他同伴，有人點頭附和：「對啦！對啦！」

「這位太太，我身體不舒服，所以需要坐著休息。」博愛座上的小姐沒好氣的說話。

「是哦，沒關係，妳坐，妳坐著休息，身體咖重要啦。」站著的老太太一臉歉意。

「我怎麼知道妳是說真的還假的，氣色明明看起來滿好的啊！」紫髮老太太面露尷尬卻還是不願罷休的模樣。

「妳的腦袋有沒有問題啊？」秋宇內心尖叫著。

看到紫髮老太太為了座位苦苦糾纏，秋宇心中一股莫名火熊熊升起，即使不確定說自己不舒服的小姐所言真假，但這群歐巴桑上車後的言行態度讓她非常反感，明明身上穿著慈善團體的制服，但她們的一舉一動完全不符合。就在秋宇正要破口大罵時，在她前面座位有位身穿襯衫、西裝褲一副斯文上班族模樣的年輕男子起身客氣地說：「來！這裡給妳們坐，讓那位小姐休息吧！」

幸好有這位男子的解圍，讓場面出現了和緩的轉機。博愛座上的小姐可能一時之間不知該怎麼回應，只好尷尬地對男子點點頭微笑表示感謝。男子對她輕輕搖了搖手，表示別客氣，便走到秋宇他們後面的空位站著滑手機。

「對嘛，還是有懂事的年輕人。月娥，妳過去坐。」紫髮的老太太一副勝利者的口氣，走回自己的座位，一邊叫朋友去年輕男子讓出的座位坐。那位叫月娥的女士一臉難為情，邊道謝邊走過去坐下。秋宇注意到那位太太坐下後，輕輕嘆了一口氣。

——諾貝爾說：一直追求被人尊敬的人，通常是不值得被人尊敬的。

因為是朋友邀她一起參加慈善團體，月娥才明白志工與義工的差別。義工就是義務工作，利用休假或閒暇時間，去做不支薪的公眾服務工作。而她們做的是志工，前輩們說志工是將服務人群當作志向，不只是做事而已，也願意付出金錢，對造福社會有使命感，並且對於自己能夠付出感到開心與滿足。

不過，月娥自感慚愧，她對於加入慈善團體做服務、做善事沒什麼使命感。參與了那些活動，她也沒有因為付出而感到開心與滿足，反而是一大堆的煩惱與壓力。

月娥的老伴幾年前過世，兒子便請她搬去同住，她還有一個女兒，女兒結婚後與丈夫移居海外，偶爾返鄉。月娥這幾年的生活重心是照顧孫子，自從孫子長大後，一家人漸漸有各自的生活要過，當家人都不在的時候，她也要開始找一些事情做才行。因此，當朋友邀請月娥加入慈善團體時，她覺得可以打發時間、多認識朋友，又可以做善事，似乎是滿不錯的選擇。

但加入沒多久後，月娥就開始懷疑自己是否適合。

月娥的個性內向，不擅社交，本來想只是去幫忙做做事就好，可是慈善團體裡的志工團人數龐大，而且人一多，這之間的人際關係自然就會複雜許多。也因為人數眾多，為了方便管理也產生了階級，而該單位似乎也暗自鼓勵階級管理，資深教資淺，上層帶下層。一旦有階級，就會有討好、鬥爭與計較的情事出現，令人感慨的是，做善事到底有什麼好鬥爭、好計較的呢？在這樣的氛圍下，月娥只好強迫自己盡量迎合志工團的同伴，試著討好有影響力的學姐。

志工團體裡的每個人看起來都非常正面積極，樂於與人交流，讓人有好像全世界並沒有負面消極的老人的錯覺，這使得不喜社交、不積極的月娥不由得自我否定起來。雖然對於社交應對感到為難，月娥也沒有選擇退出，她認為能加入這樣的社團，對自己應該是好處多於壞處。除了外出活動的機會增加，自己在幫助弱勢、從事公益的同時，也會進而珍惜自己所擁有的生活，減少寂寞感與負面思考，至少被人需要，感覺自己還是有價值的。

她所屬的志工團算是很有作為的，除了不定期發起的大型活動，每周都會有固定兩天的志工活動，做一些資源回收或服務弱勢的工作。若參加活動到達一定次數與捐款達一定金額，才會有機會在志工團中「升階」，因此，志工們參與活動都非常積極。月娥所在的小組約有三十名的志工，她們每周會被指派到同一區做活動，再依每次需要的人力再自行排班。

今天是資源回收日，月娥一如往常，上午去她們志工小隊負責的社區做資源回收，結束後搭車回慈善團體的總會上課，順道與其他志工小隊交流。大部分的組員已經先行返回總會，但月娥她們幾個要負責善後的作業，晚了半個小時左右才搭車。

「小姐，妳的包包是今年新款的吧？」幾個人在月臺等車閒聊時，最近頭髮剛做了紫色挑染的林太太突然向排在她們前面的女子搭話，那女子看起來是個氣質高雅的年輕少婦。

「呃…是的。」少婦先是一愣，看了一眼自己的包包，隨即報以羞澀一笑。

「因為我媳婦前陣子也買了一個同樣品牌款式很像的包包，應該不便宜吧？」

「這個系列的包包最近很受歡迎，妳媳婦買東西很有眼光。」少婦露出不想講價錢的尷尬微笑，故意答非所問，轉移話題。

「笑詠啦，哪有什麼眼光，根本就是愛亂買，浪費錢。」林太太露出不屑的表情。

「真的，年輕人都一樣。我兒子也是亂花錢，都已經是三十好幾的大人了，還經常買模型啊，玩具車啊，扭蛋啊，還有什麼機器人的，家裡都快放不下了。」同行的另一個老太太也搭話了。

月娥很佩服同伴們遇到誰都可以侃侃而談，可是她們這樣講雖然是在唸自己兒女，卻也像是在說那位小姐浪費錢，人家聽到心裡應該不是滋味吧？站在她後面的另外三個同伴的話題也跟兒女有關，聊兒女的職業與嫁娶好壞，雖是閒聊，其實是開戰，拿兒女的人生來比輸贏。

「上星期王太太嫁女兒，聽說老公是醫生，在醫美診所上班，這下子好命了。」

「不過哦，他們喜酒的菜色雖然好吃，可惜份量太少，呷未飽。以後我孫子結婚，叫他不要選那間。」

「妳最好命啦，一個兒子是軍官，一個兒子在市政府，還有一個是小學老師，軍公教都被你們家全包了！」

「只是穩定而已，賺不了大錢，我才羨慕妳呢，兩個女兒都在美國工作賺美金。」

「我兩個女兒確實收入好又孝順，唯一讓我掛心的，就是一把年紀了還不結婚。」

「總算有地方贏妳了，我女兒下個月要訂婚。」另一個太太插上話題。

「恭喜，之前還聽妳說，不喜歡女兒交往的男朋友。」

「現在這個不錯，家裡是做包政府工程的生意，滿有錢的。」

「恭喜，恭喜，女兒嫁個好對象，妳終於可以安心了。」

這時列車進站，月娥感到慶幸，她一點都不想聊這種話題。自己是個平凡人，有一對平凡的兒女，他們各自有平凡的家庭，能夠平安過日子就好，沒什麼好比較，也沒什麼好可惜的。

列車停妥，月臺閘門開啟，乘客陸續上下車，剛開始還好好的，沒多久，帶頭的林太太便失去了耐性，不顧其他人感受就帶頭插隊進入車廂。月娥瞥見閘門前其他乘客皺起了眉頭，心裡暗自搖頭。

「怎麼全都擋在門口呢？」月娥跟在她們後頭上車，聽見前面有人發牢騷。

明明車廂裡面還很多空間，有幾個穿著流行的年輕女生偏偏站在車門附近，擋到其他乘客出入，難怪有人會抱怨。以母親的角度來看，那幾個女孩雖然長相都挺漂亮的，可是打扮過於招搖，有的濃妝豔抹，有的露肩露背，如果她們是自己的女兒或孫女，一定會成為鄰居和朋友們茶餘飯後的話題。

上車後，其他五個同伴都有座位，只剩下月娥站著。雖然早上做完資源回收的工作後確實想坐著休息，但是沒有座位也沒辦法，就先站一陣子吧，說不定下一站就有座位坐了。月娥心裡這麼想著。

「妳知道妳坐的是博愛座嗎？起來讓人家坐，現在的年輕人都不懂得尊敬老人家嗎？」

沒想到林太太會把坐在博愛座閉眼休息的小姐叫醒，實在沒必要做到這種地步，這樣硬要來的座位，坐起來心裡也不會舒坦啊！然而，生性內向、不喜衝突的月娥，卻沒勇氣阻止對人說教的林太太，畢竟人家是為了她，如果出言阻止，不知道自己會有什麼樣的下場。因為林太太是她們這一組志工隊最資深、最有影響力的人。

就在林太太數落坐博愛座的小姐時，月娥發現有個留著小男生短髮的女孩一直怒視著林太太，她是站在門口擋到乘客出入的那群年輕女孩其中一位，看起來就是一副非常不滿的模樣，月娥很擔心再繼續下去會發生衝突。

「來！這裡給妳們坐，讓那位小姐休息吧！」

還好有這位年輕上班族願意讓座解圍，場面才沒有失控，雖然對於自己這樣得到座位感到丟臉，不過，月娥同時也鬆了一口氣，至少這齣鬧劇可以落幕了。

月娥看著車窗外快速變換的風景，心裡思考著。從事志工活動的確讓生活充實許多，經過今天的事件，她也認清了自己無法融入志工隊的相處。她們不是壞人，但是彼此個性不同，習慣不同，價值觀不同，與她們相處讓月娥感到壓力，與其試著強迫自己去適應、去迎合，還不如離開吧！

想要打發時間，讓生活更具意義，應該還有很多事可以做吧？可以嘗試去打工，去報名一些長青課程，也可以去參加公益團體招募的一日志工，不必再勉強自己。月娥不想再繼續當一個連自己都討厭的歐巴桑了。

——一個人或許難受，可是跟一群想法不同的人相處更難受。與其擔心被團體排擠，不如先評估自己是否適合團體。

我們總會擔心自己被人討厭，害怕被朋友排擠，因而對身邊的人所犯的錯誤與缺點假裝沒看見，那就是一種同流合汙。若是遇到行為舉止是錯的、喜歡欺負他人的朋友，請不要忍耐，忍耐只會讓事情變本加厲。該勸告的、該拒絕的，不要客氣，如果因此沒了朋友，那也無所謂，會因為這樣而離開的人，根本不算是朋友。

也別為了誰離開而感傷，而是要為了有誰陪伴著而感恩。試著體貼別人的感受，或許並不一定能獲得相同的對待，但至少對得起自己，不要成為連自己都討厭的人。

很多人之所以會害怕被人討厭，並非因為被人討厭而倒下，而是往往倒在畏懼他人的情緒底下。

人生不只一種——答案

「青春，雖然已經來不及把握，唯一慶幸的是，至少認清了要好好把握接下來的人生。」

—

我們從小就不停地尋找答案。

當還是只會傻笑哭鬧在地上爬行的小寶寶時，就被大人們帶去「抓周」，即便大家都心知肚明，我們抓起的並不是答案，頂多是大人們的期望。進入求學階段，開始尋找漫天無止盡的答案，除了各種大考小考的答案，還要摸索人際關係的答案，如何融入團體？如何讓同學接受自己？如何讓師長滿意？甚至，開始探索如何談一場戀愛，怎麼讓喜歡的人注意？怎麼向對方告白？慢慢地，開始思考自己進入社會後的未來，到底要朝哪一條職涯道路發展，是要依長輩的期望，還是往自己想要的方向試試？不時地尋找，一直在嘗試。學校、科系、朋友、職業、公司、戀愛、結婚，每一樣我們都需要選擇，都在尋求答案。

——人生就是由各式各樣的選擇所組成，我們以為什麼都有答案，然後追求著或等待著答案。但，有時沒有答案就是答案。

朝賢、朝戎與朝偉，他們同樣也在尋找答案。光看名字，你可能會猜測是不是三兄弟，其實他們並沒有血緣關係，只是經常玩在一起的好朋友。難免有人會驚訝他們三個人的名字怎麼剛好都有個「朝」字，朝戎便會裝腔作勢地糾正，說他的「朝」不一樣，另外兩人的「朝」是「朝哪個方向」的朝，而他的是「朝思暮想」的朝。而朝賢和朝偉則會像說相聲般地反駁：「才不是什麼『朝哪個方向』的朝，我們是『朝夢想前進』的朝！」然後一起做出超人向前飛行的動作。事實上，他們三人在那時只求能考得上家裡期望的高中就已經謝天謝地謝宇宙了，根本還沒有什麼夢可以好好想。

朝賢、朝戎與朝偉是中學資優班的同班同學，因為個子都很高，座位被排在教室最後面坐在一起。三人都喜歡打籃球，有共同的興趣與話題，彼此的感情深厚。也因為三個人的名字都有個「朝」，而被班上同學戲稱為「三朝元老」，簡稱「三朝」。

朝戎，名字剛強，高大魁梧，濃眉大眼，一臉正氣，實際上卻是個古靈精怪、喜歡搞笑耍寶的男孩，經常會想出類似「打開便當，發現菜色完全陌生」或是「數學課本打開怎麼會是國語課本」各種無聊胡鬧捉弄同學的鬼點子。因為個性討人喜歡，人緣極佳，又愛帶頭搗蛋出風頭，常把老師弄得哭笑不得，在班上是個孩子王。他的爸爸早逝，由媽媽獨自照顧他與妹妹。

朝賢，有著偶像明星等級的長相，大大的眼睛，長長的睫毛，秀氣的臉龐，總帶著憂鬱的眼神，迷死一大票女生。收情書與被告白是他的日常，私底下的言行卻一點都不偶像，說話低俗，動不動就問候人家媽媽，不然就是把各種器官掛在嘴上。最喜歡約另外兩人回家，偷看他那醫生老爸藏在衣櫃裡的A片當成下課後的休閒活動。

朝偉，跟電影明星同名，不過他完全不是明星的料，個性木訥，沉默寡言，長相即使客氣一點說也稱不上好看，相較於朝戎與朝賢經常受到注目，若說他們是光，朝偉就像是影，只有說到「三朝」時才會記起他。即便如此，朝偉並沒有感到自卑或失落，他自己似乎也希望大家不要注意他，這樣反而比較自在。

三朝總是一起打球，一起讀書，一起出去玩，一起上課偷看漫畫，一起被老師罰站，最後連高中聯考也一起落榜，一起進入當時還存在的國四重考班。實際上並不是一起落榜，真正落榜的只有朝偉。朝賢沒有考上前二志願，爸爸不滿意要他重考；朝戎則是考上私立學校，但他希望讀公立高中替媽媽省學費，所以選擇重考。

三人正值叛逆的青春期，玩心重，朝賢本來就對爸爸的高壓管教方式反感，因為在補習班結識了幾個混幫派的同學，開始跟著他們玩，也拉著朝戎與朝偉一起入夥。

聯考成績不符預期讓他們挫敗，也讓他們感到失落，內心渴望得到認同的三人在幫派兄弟裡找到歸屬感，跟著兄弟玩樂、談判、鬧事、鬥毆，三人甚至還有了找到生死與共夥伴的錯覺。其實，朝賢根本就不是混幫派的料，膽小怕事，每次人家喊打，他都是躲在後頭，反倒是朝戎與朝偉表現出來的狠勁，總是會讓對手感到懼怕。

身處在那種血肉橫飛的場景，說不怕是假的，可是當他們成為那個團體的一份子，也接受了他們那套價值觀之後，便逐漸喪失是非對錯的判斷。若退縮了，就會被朋友看不起，只能向前衝，對朋友的道義勝過對錯，對兄弟的情誼勝過理智。就好像很多時候，當我們習慣了一些事情，也會分不清那是空虛的、無謂的或是扭曲的。

——當渴求被群體認同時，即使明知是錯誤的，也會矇住眼假裝沒看見，選擇被同化。

有一次，有個兄弟的女朋友被人調戲，他們一票人衝去找人算帳，對方也找了一票幫手，雙方一陣叫囂後抄起傢伙就互砍。那次的火拼大亂鬥，三朝終於出事了。

朝偉為了保護朝賢，他的頭部與臉部各被人砍了一刀，血流滿面，身上也中了好幾刀。在混亂之中，朝戎的胸膛被深深地刺進了兩刀，性命垂危。朝賢為了自保，情急之下抓起地上的扁鑽插進對方的脖子，導致那人失血過多當場死亡。

也因為那次事件，三朝的人生起了變化。朝戎在醫院好不容易才撿回一條命，朝賢事後被爸爸送到國外，朝偉替朝賢頂罪入獄服刑，三個人就此步上了不同的道路。

朝戎住院養傷時，見到媽媽與妹妹擔心的模樣，體認到自己的不成熟與活著的可貴，後悔淪落到這樣的下場，決心要改過自新，好好認真讀書，改變現在的生活。後來他得知朝賢居然讓朝偉替自己頂下罪行，即使是朝偉自願的也無法認同，他不能原諒犧牲好友人生來成全自己的人，加上朝賢被爸爸送到國外讀書，兩人從此形同陌路。

朝戎拼了命苦讀，先是考上公立高中，畢業後又考上了師範大學，成為他以前讀書時最討厭的老師，在高中任教。他的個性本來就活潑愛搞笑，因此很受學生喜愛，他偶爾會向學生開玩笑說自己以前經常罵老師、捉弄老師，一定是現世報，所以現在才會當上老師，來讓學生罵、受學生的氣。

入獄服刑後，朝偉當然對過去的生活懷抱悔意，不過，即便有再多的心情也是茫然。當初會跟著朝戎和朝賢混幫派，很大的原因在於不知道自己要做什麼，該走什麼樣的路。從小父母就不在身邊，他是被奶奶帶大的，老人家光是養他長大就很辛苦了，沒有餘力來教導他什麼人生方向，只求他不要學壞。偏偏他連最基本的不要學壞都沒做到，想到這裡，就覺得對不起奶奶。

朝戎罵他傻，但他不後悔替朝賢頂罪，朝賢有良好的家世，還有美好的前途，如果為了這個汙點而毀掉人生豈不可惜，反而是自己沒什麼好失去的。進來看護所，剛好可以有時間好好重新思考自己到底想要的是什麼，自己到底能夠做些什麼，或許也是好的吧？

看護所為了訓練受刑人日後重返社會能有謀生能力，培養他們勞動的習慣，裡面設有木工、印刷和洗衣的自營工坊。有時，也會接受廠商委託協助加工，例如文具、飾品或玩具之類的產品；另外，也有一些園藝、電腦與烘焙的短期技能課程，朝偉在服刑期間有很多事情可做，空閒的時間就讀書，他在看護所讀書的數量遠遠超過他過去人生中所讀過的書。朝偉參加木工坊後，發現製作木工藝品滿有趣的，透過自己的雙手，把原本沉重的木頭經過一連串的切、鑿、挖、削、刻，變成時而柔順時而輕飄的造型，便完全沉浸在創作的世界裡，將腦海呈現出的畫面與意象慢慢具體化，那過程可以讓他暫時忘卻茫然的現實。人生很難，木雕相形之下容易多了。後來朝偉參加全國看護所的木工競賽，得到了亞軍，讓他感覺自己或許有一點創作木工藝品的天份。

——茫然失措時，最簡單的方法就是找一件事做，也許並不會得到解答，至少讓自己有前進的目標，也沒有空閒茫然。

朝賢回國後，從醫學院畢業，成為外科醫生，一步一步按照爸爸設定的道路前進。出於虧欠，他定期會寄一點錢給朝偉，偶爾也會寄書與生活用品，相較於朝偉的犧牲，他能做的只是盡一點微薄之力而已。

就讀醫學院期間，朝賢去看護所探望了朝偉幾次，但他無法經常去，並不是沒有時間，而是沒有勇氣。每次見到朝偉，就像是在提醒自己其實是個殺人犯，即使朝偉總是堆滿笑容，但越是感受到他的溫柔，朝賢的內心越是感到愧疚。朝賢醫學院畢業前夕，朝偉獲得假釋，但他似乎能明白朝賢的心思，便刻意迴避見面，兩人從此斷了聯繫。

朝賢後來與政府官員的女兒結婚，離開了原本任職的醫院，靠著爸爸與岳父家的資助，開設了整形外科診所。因為外型英俊挺拔，說話風趣，口條便給，經常受邀上電視當節目來賓，談論與整型相關的話題，迅速成為知名的整形外科醫生。有了名氣後，朝賢的整形診所生意蒸蒸日上，先是擴大規模在全國各地開設了好幾間整形診所，甚至自創品牌，推出一系列的美妝保養品，事業如日中天。

名利是一種迷幻藥，它會讓人失去判斷、看不清現實，最後連靈魂都迷失了。好像任何事物都會呈現抛物線的狀態，慢慢往上升高直到某一個點後，便開始順著那條線慢慢往下落。甚至，有時未必是慣性定律的落下，而是像被獵人一槍命中的鳥，急速地垂直掉落。

朝賢年紀輕輕就獲得巨大的名利，身邊的人全都捧著他、巴著他，讓他變得自負驕恣，因為生意而認識了五湖四海的朋友，他開始沉迷酒色玩樂，代步的名車一輛換一輛，外頭的女人一個換一個。因為過於順遂，使得朝賢掉以輕心，事業擴大飛快，經營操作不當，公司資金運轉出現問題，最後壓垮他整形美容事業帝國的是交友不慎。先是跟著人玩期貨輸了大筆錢，接著被人以投資可賺取巨額報酬為由，騙走巨額款項，一連串的打擊，讓他的事業迅速崩落。所謂樹倒猢猻散，當初朝賢風光時身邊總是被許多人簇擁、討好著，失敗之後，不只那些原本圍著他轉的人不見了，連老婆都離開了，岳父家族也迅速切割關係，他爸爸也因為這次打擊病倒了。

朝賢獨自坐在病床旁邊，媽媽先回家休息了。這是他當初擔任外科醫生的醫院，他爸爸曾經是領導外科部門的主任醫師，過去在這裡救治了無數的病人，如今只能躺在這裡等待奇蹟發生。

兩位身穿制服的師姐走進病房，那是媽媽在宗教團體擔任志工的朋友。兩人向朝賢與他爸鞠一個躬，簡單問候，便靜靜地在病床另一側的椅子坐下，然後開始默念經文替病人祝禱。朝賢望著兩個專注且虔誠祈禱的師姐，或許是百感交集，也許是心力交瘁，突然流下了眼淚。

他看向爸爸，腦海浮現了小時候到醫院找爸爸時看見醫生倍受眾人尊敬的模樣，還有當年爸爸對他說「醫師」這職業的價值與使命，因為它的價值與使命伴隨著財富和尊敬，那是他們應得的回報。但，他之前做的整型事業，不像是醫師，反而倒像個技師，只是把客人想要的外貌盡量「做」出來，如此而已。雖然不能說沒有價值，卻與醫師的救人本質不同，硬要說的話，也許可以說整形是在拯救一個人的自信心。

即使朝賢繼續從事外科醫師，他想起那時許多自己無力救回的生命，包括現在躺在這裡的爸爸，面對那些悲傷的淚水、無助的表情或是怨懟的眼神，他該怎麼讓自己在這個工作上問心無愧？眼前的師姐們表情祥和且堅定，朝賢似乎能夠感受到在那祝禱下，擁有著一種比他的醫術還要強大的能量。

他慢慢理解了，過去當外科醫生時，自己只關心病人會不會痊癒；開整形診所時，自己只在意每日的營業額，那是驅動他工作的動力。那些財富與名氣也是自己衡量價值的標準，當原本支持自己的驅動力消失了，他可以清楚感覺到自己的存在根基被連根拔起。而師姐們並不會因此而動搖，對她們來說，無論對方是不是病人，都是人啊，她們可以為那個人祝禱，不管每天賺多少錢，日子都在過，神都會看顧，她們是在替神服務。這些差異就在於他缺少了對於工作與人生的核心思想與價值，才會讓自己走到如此山窮水盡的地步。

步出醫院時，陽光灑落在眼前的景物閃閃發亮，朝賢的心裡卻還存在著陰影，恐怕這是他最後一次見到爸爸，不只是爸爸的病情不樂觀，如今債臺高築的他，債主已經找上門，他必須盡早離開，否則會連累到家人。朝賢雖然沒什麼胃口，不過，他已近一整天沒有進食，決定找個地方強迫自己吃點什麼。

沒想到在路上巧遇朝偉，多年未見，兩人心情複雜，有很多事情想說，於是就近在一間咖啡店坐下來聊聊。

——隨著年歲增長，一路上失去了許多朋友，卻也讓我們懂得什麼樣的人才是朋友。因為體會了失去的可惜，才會終於懂得珍惜。

「那時，沒錢就刻幾件小東西拿去藝品店或夜市賣，換個幾百或一兩千塊，就可以買吃的、用的。」

朝偉假釋出獄後，奶奶已經不在了，他的學歷不高，連高中都沒讀過，要重返社會也不是容易的事。他做過幾份工作都因為種種原因而離開，有的是工作環境條件惡劣，有的是老闆苛刻、不當扣薪，有的是同事排擠、欺負。後來，他就去撿人家不要的木料或是傢俱做手工藝品來維生，一天只吃一餐，一定找飯可以吃到飽的自助餐，晚上就睡在公園或是在車站找地方窩著。

「經手的每塊木頭，它們都曾富有生命力的。可是，生成的環境、經歷的天氣、獲得的陽光不相同，它就會長得不同，正如同我們每個人一樣，因為家庭環境、教育養成與人際關係而有所差異。但，不同的是，人還有選擇的機會，木頭卻沒有。」

朝偉決定依賴木作過活。對他來說，木工創作像是有趣的探險與發現的過程，那些木頭可能有奇形怪狀的樹瘤，可能有蟲蛀過的洞孔，還可能有人為造成的損壞，在許多人眼中是一塊朽木，就像許多外人評斷朝偉的眼光是一樣的。因此，他不會跟那些人用相同的眼光去看待那些木頭，就算是人家眼中的朽木，但他還是會用心對待，順著那塊木的形貌去創作。朝偉不懂得怎麼與人相處，但是，他可以像認識朋友般用心與木頭慢慢對話。

任誰也沒料想到朝偉的作品被藝廊老闆賞識，後來成為簽約藝術家，如今已經辦過幾次藝展，也在幾個藝術拍賣會上展露鋒芒，大件作品的拍賣價格可達數十萬元。他的作品除了不少收藏家喜愛，還獲得幾間建設公司的高級建案指名合作。朝偉的人生路走得彎彎繞繞，混過幫派，坐過牢，曾過著遊民生活，現在卻成為嶄露頭角的新銳藝術家，他說現在很幸福，不是因為賺錢，而是可以每天拿著工具從事木雕創作，終於明白自己想要做的是什麼了。

聽完朝偉的境遇，朝賢心中原本有股被繩網束縛的感覺鬆開了大半，他一直對於朝偉替自己頂罪懷抱著罪惡感，現在聽見為自己犧牲了青春歲月的兄弟能夠找到真心想要走的道路，寬心了不少，替他感到高興，也感到羨慕。當初朝偉為了保全朝賢的前途而頂罪入獄，他自己卻沒有好好珍惜那次重生的機會，無論是做為醫生、做為經營者，或是為人夫、為人子，他都做得荒腔走板，把令人稱羨的前途糟蹋成一無所有，他覺得自己才是真正的朽木。朝賢沒有述說自己的現況，當初朝偉的重情重義，如今那些心意卻被自己付諸東流，他沒有臉說得出口。

朝偉告訴朝賢，他偶爾會跟朝戎吃飯，曾經是學校的孩子王已是兩個孩子的爸，老婆也是學校的老師，現在幸福胖，原本高大壯碩，現在腫得像充飽了氣的巨型玩偶。朝賢笑了，知道以前一起度過青春時光的朋友現在過得不錯就夠了。兩人離開前，彼此留了聯絡方式。

朝賢沒有說出自己的現況，而朝偉也沒有說出自己的心意。朝偉曾經深深喜歡著朝賢，他心中那份誠摯而細膩的情意，彷彿像是偷回來的貴重寶物，從來不敢把它拿出來給任何人看，包括朝賢。那段青春的感情沒有人陪朝偉走過，但他也從未後悔。現在已經走過來了，就讓那情意成為青春的印記吧。

——有些感情，只能選擇朋友之名相伴。那是幸運，也是不幸。
幸運的是，你們永遠是朋友，不幸的是，你們永遠是朋友。

從小到大，我們考過無數次的考試，那些考試都很嚴格，選項很多但標準答案只有一個，可是再怎麼嚴格，也不過是場考試罷了。人生是不一樣的，人生可以有很多很多答案。每一個階段都是不一樣的，追尋的目標不同，因此也不會有相同的答案。不管上不上高中、上不上大學，最後的結果都是不同的。不管想做什麼，為了誰而愛，為了任何人事物而付出，那都是正確的解釋，沒有什麼標準解答。

人生不可能完美，也不可能有一百分，通常得到某一樣事物，同時註定也會失去另一樣事物。所以我們更要努力生活下去，要找出自己的可能性。要相信現況是能夠改變的，不管是誰，只要有心，就有機會成為自己心目中的那個人。

每個人站在不同的起跑線上，沒有優劣之分，重要的是問心無愧地好好向前跑，或許會跌倒，也許會被阻擋，可能會累到跑不動了，那都是路途上會遇到的麻煩，難免有那麼一點來不及，不得不錯過了什麼。從小就聽過無數的道理與教誨，這輩子依然是走得跌跌撞撞，那都沒關係，只要持續向前就好了。成功的含義並不是得到了什麼，而是我們是否盡全力朝著想要的方向走。

人生啊，有很多突如其來的瞬間，和自己認知完全不同的現實，也許是考試，也許是工作，也許是戀愛，也許是友情。大部分的人只會想像對自己好的現實，最後才突然察覺到全都是自以為是，這時你可以選擇繼續躲在想像之中，否則就是認清現實。雖然面對一定會痛苦，可是咬著牙重新來過。這是自己的人生，可以選擇自己想要的決定。

有些人總是埋怨出生、埋怨環境，不過現實社會就是如此，笨蛋被聰明人騙，弱者被強者欺負，如果你不想再吃虧，就是想辦法讓自己改變，變聰明、變強大，如果沒有試著找出另一個答案，永遠只會在現況中不斷循環而已。

有人是這輩子沒什麼問題，想體驗一點問題；有人是問題太多，想給問題一個清楚的解答。我們要先付出，要先嘗試，否則永遠不會有答案的。

然而，我們不必急著找答案，走著走著，能力有了、時機到了，自然就出現了。我們都想找到一個人生的答案，也都希望有人能告訴自己應該走哪一條路。事實上，沒有人能明白告訴我們應該走哪一條路是正確無誤。人生是自己的，你提出來的問題應該由自己慢慢找出答案。

我們——不是好朋友嗎？

「朋友有兩種功能，一種諒解與陪伴，一種是直言不諱。在我們有難時，不離不棄一直在身邊陪伴；在我們犯錯時，毫無顧忌地坦率指出該改進的地方。」

—

「我們不是好朋友嗎？」

「是，不過好成果不是用好朋友的交情換來的。」

語畢，聖杰唰地從椅子起身，順手拿了帳單，轉身離開。留下益元一臉錯愕的表情呆坐在那裡，望著聖杰走到櫃臺結帳，然後拉開咖啡店門，頭也不回的離去。

益元與聖杰是從國小就認識的老交情，益元沒想到他們之間的關係會變得如此尷尬，他回想起當年兩人在國小時期相識的往事。

那時，去學校福利社搶購零食、餐點是小學生的每日大事，下課時段的福利社裡經常人山人海，熱門商品只要晚到一步就買不到了。那天早上，一如往常，第三堂課下課鐘一響，學生們從教室蜂湧而出，益元和同學直衝福利社，目標是搶牛奶和包子當午餐，他們在一陣混亂與推擠當中順利達陣，還好沒白跑一趟，滿心歡喜地步出福利社，在走廊遇到剛轉學來班上不久的聖杰，他與另外兩個學生似乎發生了爭執，益元心生好奇，上前去關心，發現原因是為了燒肉粽。

肉粽也是福利社的人氣商品，通常是一上架就會搶購一空，長大後回想那味道應該是跟石門地區的名店批貨來販賣的。

攔下聖杰的是平時就會欺負其他乖巧怕事同學的兩個混混學生，是學校出名的小惡霸，原來是搶不到肉粽，後來發現聖杰有買到，就要求他把肉粽讓出來。益元天性熱心，為人義氣，愛交朋友，再加上名字的緣故，經常被同學與朋友笑稱是「林議員」。遇到同學發生爭執，林益元的「議員」個性又忍不住想插手，不幫忙「喬」一下，實在對不起自己。

「他一個人就買了四顆肉粽，讓兩顆給我們有什麼關係？」其中一個小惡霸用挑釁的語氣說。

「我買幾顆肉粽又跟你們有什麼關係？」聖杰一點也沒有示弱的意思。

「我看你是欠人修理！」小惡霸伸手作勢要抓聖杰衣領。

「同學！同學！你們先別動手！」益元趕緊先擋下小惡霸。

「怎樣？你也想一起被修理哦？」另一個小惡霸問。

「不是啦，先別動氣，我只是想幫忙協調一下，讓事情圓滿，讓大家都滿意嘛。」益元笑著說。他說話的口氣很像他那個經營印刷廠個性海派的爸爸。

益元轉頭向聖杰詢問：「欸，你買了四顆肉粽是幫別人多買嗎？」

「沒有，這些都我自己要吃，不行嗎？」聖杰回。

「你最好可以吃得下四顆粽子，你現在馬上給我全部吞下去，不然我揍死你！」小惡霸忍不住又叫囂。

「不過，他也沒說錯，要吃幾顆粽子本來是他的自由啦！」益元說。

「所以呢？」其中一個小惡霸面露不耐。

「你們等等哦，我跟這位同學先喬一下。」益元緩頰對聖杰說：「不然這樣啦，我還有肉粽放在教室，等等回去拿給你，你手上的先讓兩顆給他們？」

「不行，我只能讓一顆。」聖杰還是一臉不願。

「好。」益元轉頭向另兩人說：「他讓一顆肉粽，我讓一個包子給你們，怎麼樣？兩種都是不容易搶到的哦！大家和氣生財、和氣生財！」

混混同學兩人簡短交換意見後，其中一人笑著說「好！成交！」，然後一副擔心益元與聖杰會反悔的模樣，速速給錢拿了東西就轉頭開心的離開。

「欸，你一餐可以吃四顆肉粽也太強了吧？」在一起走回教室的路上，益元隨口問聖杰。

「沒那麼厲害啦，我是要留兩顆粽子當晚餐，媽媽如果要加班的話，我就要自己準備晚餐。」聖杰回。益元聽了點點頭。

「你比較厲害，包子和肉粽都有搶到。」聖杰接著說。

「我根本沒有肉粽啦！哈哈哈……」益元搔著頭，一副不好意思的模樣

「只是我如果不這麼說，你不會願意把肉粽讓給他們了。」

「可惡，原來如此！」聖杰雖然受騙，不過，很清楚益元是好意，所以並沒有真的生氣。

「不要這樣，我也讓了一個包子給他們，只剩一個包子，我中午一定吃不飽……欸，你可以讓一顆肉粽給我嗎？我出兩顆的錢！」

「不要！都跟你說是晚餐了！」聖杰沒好氣地回答。

「你晚上來我家吃飯吧！你媽以後加班時，你都來我家吃飯啦，把肉粽先賣我，好嗎？」

那天益元真的帶聖杰回家吃飯，雖然他爸因為印刷廠的工作忙碌經常不在家，不過奶奶會幫忙照顧，他們那晚吃著奶奶準備的晚餐，覺得有朋友一起吃的晚餐特別美味。

之後兩個人的感情越來越好，或許是因為他們兩人都是單親家庭，兩人可以明白對方的脆弱與自卑，能夠理解彼此的逞強與自我保護，於是兩人共同經歷了每一段歡樂、混亂、愚蠢與傷心的成長時期。

——成長往往來自於不幸與不堪之後，然後懂得面對孤獨，學會隱藏脆弱，明白人情世故。摔下去時是打擊，爬上來後是成長。

因為朋友的引薦，聖杰進入國內知名的大型企業任職，他的邏輯清楚、條理分明，做事懂得抓老闆想要的重點，應變能力又快，交代給他的幾項任務都有出眾的成果，再加上謹守分際、不搶功的個性，受到上司的賞識與推薦，不出幾年成為公司有史以來最年輕的部門主管。

幾年前，老闆突然將聖杰調任新部門，調任後的首要任務就是負責該部門的新產品上市計劃，那次要發表的產品受到市場大量關注，因此，上市的成績好壞攸關聖杰在公司內的評價與前途。萬一銷售不如預期，他的工作可能不保，相對地，如果產品大賣，他在公司內肯定會一夕翻紅。不少人抱著看戲的心態，等著看剛接手的聖杰能夠演出什麼樣的戲。

得知聖杰出任要職，益元立刻邀老友聚餐慶祝，在聚餐時他得知聖杰的處境與壓力後，愛喬事情的個性又犯了，益元用力拍胸脯到讓人擔心他會內傷的說：「包在我身上！一定會幫你達成任務的。」

益元交友廣闊這時起了作用，幫了老友大忙，他平時參加幾個社團與讀書會沒有白去，因為這些聚會讓他認識了幾位通路商的老闆及採購主管，他介紹這些朋友給聖杰認識，也請他們幫忙多進一點聖杰負責的新品，在門市提供顯眼的位置陳列。新上市的產品本身就有不錯的賣點，加上聖杰的策略規劃得當，還有益元的順水推舟，甫一推出就熱賣，一度賣到缺貨，銷售成績格外亮眼。聖杰也因為這次的成功而成為同事中鶴立雞群的存在，理所當然地被老闆與高階主管們視為可用之才。

好友在公司內當紅，益元自然不會放過任何機會，借勢麻煩好友引薦，讓他家的印刷廠可以成為聖杰公司的供應商。像聖杰任職的這種大型企業，想要成為他們的簽約供應商並不容易，需要經過層層考核與認證之後才有承接案子的資格，有了聖杰這個大紅人的推薦，確實讓益元的印刷廠在考核過程受人關照、不被刁難，順利成為了該企業的簽約供應商，這對於益元的印刷廠業績帶來突飛猛進的成長，好友在事業表現傑出，他跟著享受到雞犬升天的紅利。

聖杰個性務實，處事小心嚴謹，即使戰功不斷，還是謹守分寸，對旁人友善卻總是與人保持著距離。但，就是因為不與人交惡也不選邊站的作風，讓他在企業內的人事鬥爭中存活下來，憑著老闆的信任與自身的實力一路高升，幾年之後終於成為副總經理，掌管三個大型事業體。

在慶祝聖杰榮升的那天聚會，益元表現得比聖杰還要激動、還要感動，哭得淅瀝嘩啦，開心得像個小孩一樣，被聖杰嘲笑怎麼感覺不是自己升官，反而比較像是益元升官。那天兩個人喝得酩酊大醉，一起睡倒在人行道上，彷彿回到他們經常喝到爛醉的青春時代。

——我們需要的朋友很簡單，順遂時替你開心，低潮時陪你度過，可是認識這樣的人比想像中困難。

近年來，市場情勢丕變，消費環境改變，通路競爭激烈，品項飽和，導致各家商品銷售量成長趨緩，為了因應快速變化的市場與消費形態，聖杰決心推動全新的通路陳列方式，讓自家商品在門市陳列更突出、更快速並具有機動性，同時不增加過多成本。他請各部門著手設計開發紙製的各種型式商品陳列架，依不同商品、不同通路環境製造最適合的紙製陳列架。

聽到聖杰的決策，益元喜出望外，自我感覺良好，心想沒有白挺這個哥兒們，雖然聖杰沒有明說，但八九不離十，一定是為了讓他有大生意可做，才會推動這麼大規模的案子，實在是太夠義氣了。雖然自知自家的工廠在技術門檻上還有許多需要克服的地方，可是，他不能浪費這次機會，也不能讓哥兒們白費苦心。

「兄弟，我想接紙展架的案子，可以幫我在公司裡說說話嗎？」

「沒問題！只要你能做出符合公司需求的產品，我會請負責採購的同事參考採用的。」聖杰輕拍益元的肩說。

「先在這裡謝謝好兄弟，我一定會好好做，不會讓你丟臉的！」說完，益元自己舉起酒杯一飲而盡。

紙展架並不是完全嶄新的創意，市面上已經有廠商在生產，不少門市都有陳列，不過通常是少數品項，沒有像聖杰這樣推動大規模使用的計劃，除了益元之外，還有幾間具有競爭資格的印刷廠磨刀霍霍，準備一爭長短。然而，無論在規模或技術上，益元的印刷廠與這些對手相比都處於下風，他唯一的優勢就是自己和副總是好友了，他自認為這是決定性的優勢，畢竟還是有兩三個部門的負責人一聽到是高層推薦的，想拍馬屁的、怕得罪上司的、為了自己在公司內的發展，二話不說就把開發任務交給益元。

靠著與聖杰的關係以及擅長交際的個性，益元順利接到幾項商品的紙展架製作案，然而，這才是一連串挑戰的開始。雖然益元向人家拍胸脯保證沒問題，即使紙展架並非新產品，可是他們家的印刷廠並沒有設計製造的實際經驗，完全是新手等級，差不多是剛開始玩遊戲就打算找大魔王挑戰的意思。

要做出紙展架，並不是懂得印刷就好，展示架的設計必須熟悉結構工程，要考慮商品重量與體積，才能計算出展架的承受力和空間面積。除此之外，還要思考使用什麼樣的紙材，光是選紙就是一門學問，有了這些基礎才能設計出吸睛美觀又實用的展架。然後要按照結構設計先出樣，測試切刀深度、壓痕力度，折角與組合處是否合適，結構是否穩固，還有是否需要其它補強工藝。通常只要設計師的結構圖夠準確，再配合有經驗的印刷廠，打樣幾次就能調整出適合的展架結構。

可惜的是，益元身在愚公的處境，卻沒有移山的決心，他接單前信誓旦旦，接到單後卻做得差三錯四。他是不錯的業務與公關人才，可絕不會是良好的技術人才，做事三分鐘熱度、馬虎草率的態度，是個標準的「差不多先生」。他製作出來的成品只能稱得上堪用，還有許多改善的空間，不過，幾個窗口礙於益元與聖杰的關係，再加上時間壓力，只好遷就通融先行採用。

但，不是每個人都願意放行，有一個部門的採購要求益元重新打樣好幾次，還是達不到他們期望的水準，益元自認製作的品質還不錯，其他部門都可以接受，為何就是這個部門不可以，因此覺得是這個窗口要求太高、故意刁難他，於是決定向聖杰抱怨，請他出面幫忙協調。

「益元，我們是老朋友了。」聖杰打完招呼，還沒坐下就先開口了。那天他的行程緊湊，只能停留不到半小時。

「廢話。」益元笑著說。

「所以我很了解你。」聖杰坐定，將雙手放在桌上互握，直視著益元。

「當然，我們是一塊長大的好兄弟啊！」

「不過，我覺得你還不夠了解我。」

「怎麼說？」益元對於好友到底想說什麼感到好奇。

「我知道你想跟我說什麼，但，我今天來是要提醒你的。我們是好朋友，這是毫無疑問的，可一旦在事業上有合作，你就不要期望我們的交情可以給你任何依賴。」

益元一臉詫異，一時不知該如何接話。聖杰看他沒搭話又接著說。

「從小到大，你照顧我很多，我絕對明白。但，我希望你要知道，這次案子的成敗，將影響公司的發展，也關乎我在公司的未來，不能有任何閃失。我也希望你藉由這次的合作，重新調整過去做事的方法，將你們工廠的技術與品質一併提升，而不是單靠我們兩人的交情。你記得我之前說過的，只要你能做出符合公司需求的產品，我一定會挺你，並且請採購考慮採用。同樣的，如果做不到，就算是你，我也不會通融，不是什麼事都能用喬的，懂嗎？」

「我們不是好朋友嗎？」益元恍然大悟，但聖杰的這番話還是讓他心裡有點受傷。

「是，不過好成果不會是用好朋友的交情換來的。」說完，聖杰便起身離開。

之後益元向那位一直不願妥協的採購道歉，直接表明因為時間有限，自己工廠現階段做不到要求的水準，建議對方可以發包給其他供應商，對於這段期間造成的延誤與損失，如需賠償，他會負責。放棄一筆大訂單難免可惜，可是，益元也不願為了自己的生意而造成好友的困擾，不想讓好友在公司內被人說閒話，而且聖杰的建議也沒錯，他的工廠確實也該提升、轉型，否則遲早會被市場淘汰。

——因為有所期望，才會有失望。即使是朋友也沒有權力要求你，但是你該思考現在的狀態，是否對得起自己。

有交情、有關係當然可能讓很多事情順利發展、更容易達到想要的目的，可是千萬不能自以為與某人有交情或與內部牽上關係就掉以輕心，一旦進入專業領域與工作執行時，千萬別指望它對自己有幫助。

每個人都需要對自己的工作負責，要對老闆或顧客交出亮眼的成績，如果你會影響到對方的工作，或者他的工作表現與你有關，人家自然不願意看到你有不好的表現，再鐵的交情也不會對你客氣，該警告的、該指責的，肯定不會少。

請記得，交情與關係，當然是職場上的潤滑劑，不過自身的態度與實力才是職涯發展的推進器。

記憶裡的——紅豆麵包

「沒有完美的關係，即使蘊藏着甜蜜溫暖的情感，卻也可能隱匿著不為人知的過錯。」

那是小學發生的事情了。

那一天放學回到家，她覺得飢餓難耐，家裡沒人在，她看到廚房的流理臺上放了一個麵包，不清楚是誰放的，可是實在太餓了，是那種塞給她十杯珍珠奶茶和十份雞排都能夠完全嗑光的飢餓感，若不立刻吃點什麼，她覺得肚子內的黑洞會無限擴大，決定不管三七二十一，先把麵包吃掉。咬下去那刻，馬上感受到一陣紅豆沙的香甜，她沒有預期是紅豆麵包，所以有點驚訝。軟彈的麵包口感、再加上綿密的紅豆內餡，印象中從未吃過這麼好吃的紅豆麵包。美味再加上飢餓雙重夾擊，讓她狼吞虎咽般火速吃掉，還差點噎到，趕緊倒了一杯水喝下去。吃了那個令她再三回味的紅豆麵包，她感覺體內的黑洞稍微縮小了，原本強烈的飢餓感也已經緩和下來，讓她又有力氣去找隔壁的小孩玩。

稍晚一點，大她兩歲的姐姐回到家，她不敢告訴姐姐自己有吃麵包，因為沒分給姐姐吃，讓她有一點點罪惡感。再晚一點，繼母也回到家，把採買的東西整理好，就要準備晚餐。媽媽在生下她時，因為難產而過世，之後由爸爸獨自一人照顧兩個小姐妹。在她開始上小學那年，爸爸決定再娶，結婚的對象原本就是他們夫妻認識多年的朋友。

「爸爸想和阿姨結婚，爸爸不是為了自己，我希望有人可以幫爸爸一起好好照顧妳們。」再婚之前的某日夜晚，爸爸來房間找她們談。她看到姐姐點頭，她也跟著點頭。

「我想要妳們知道，妳們永遠是爸爸最心愛的寶貝，阿姨不是來跟妳們搶爸爸的，是來跟我們一起生活的，懂嗎？」她看到姐姐又點頭，她也趕緊跟著點頭。

「爸爸明白妳們可能會不安，其實阿姨也會不安哦，因為她是獨自一個人加入我們家，阿姨也會擔心妳們不接受她，懂嗎？」這次，她點頭比姐姐快了，她想要好好對待阿姨，就像老師要她們好好對待新同學一樣。

「為了表示妳們願意接受阿姨加入我們家，爸爸希望之後妳們可以叫她媽媽，讓她感受到妳們的支持，好嗎？」這次姐姐沒點頭，她為了表示對爸爸的支持，很用力地點頭。

「乖，妳們一定要記得，無論發生任何事，妳們都是爸爸最心愛的寶貝！」爸爸伸出手來，摸摸兩姐妹的頭，便離開房間。

——如果父母眼前的世界只有好與壞，子女在他們眼中永遠是屬於好的那一邊。

婚後，爸爸本來就是溫和體貼的個性，不喜衝突、優柔寡斷，或許是要太太照顧過世前妻的小孩而有所體諒；再加上太太處事幹練，個性也比較強勢，脾氣倔強，講話直接，因此，在家裡凡事都是以太太的意見為主。他在其他人眼中就是個典型怕太太的男人。

那天，繼母要準備晚餐，踏進廚房不久，便衝出來對著她們兩姐妹大聲咆哮。

「說！流理臺上的麵包是誰拿的？」

沉默像是無聲的審判持續了一會兒。繼母怒視著，她不敢承認，姐姐更是一臉困惑。

「我數到三，不再說，我就好好教訓妳們，打到肯說為止！」

繼母氣急敗壞，數到三後，馬上叫兩姐妹跪下，隨手拿起桌上的雜誌就往她們臉上與身上猛打，兩個孩子被打得放聲大哭。

「小小年紀就亂拿人家東西，說！是誰吃的？到底是什麼樣的人才會生出妳們這種小孩？妳媽怎麼生出偷東西的小雜種！？」

「哭？偷東西還敢哭？不准再哭！再哭，我就打死妳們這些偷東西的小雜種！」

兩個孩子被打到抱著頭縮在客廳角落，直到她承認吃了麵包，繼母才終於罷手。

沒想到因為自己的一時貪吃，讓姐姐遭受無妄之災，她心裡感到十分內疚。事後她才知道那個紅豆麵包是繼母的媽媽花了很久時間排隊才買到兩個，專程帶一個來給繼母吃的。她明白自己沒有經過允許就吃掉麵包是不對的，即使如此，她覺得繼母也不該用言語辱罵她們與她們的母親，這件事讓她一直耿耿於懷。

在她心中，繼母是用肢體與言語的暴力把她的存在與自尊踐踏得支離破碎。這件事她並沒有讓爸爸知道，當然心裡會感到委屈，不過，確實是自己有錯在先，而且讓爸爸知道的話，只會讓他難過而已，卻也無法改變什麼，於事無補，說不定還會傷害他們夫妻之間的感情。

對她們姐妹而言，阿姨並不是糟糕的壞繼母，她們明白阿姨性子硬、說話衝，對爸爸口氣很兇，其實心裡是為了他著想，對待她們姐妹也是盡心盡力。可是終究沒有血緣之親，彼此之間的相處還是有些隔閡，只是心照不宣而已。比方說，爸爸和阿姨後來生了一個兒子，即使姐妹兩人知道弟弟年幼需要阿姨花時間照顧，內心還是難免會認為自己獲得的關愛比較少。比方說，阿姨兇爸爸的時候，她們姐妹會替爸爸撐腰，阿姨覺得是父女在聯手對抗她這個外人，心裡多少有點不是滋味。

日子一天一天過去，三個孩子陸續畢業、就業、成家，她與姐姐嫁出去後，弟弟則與爸媽住在一起。姐姐遠嫁國外，而她自己因為與丈夫一同創業，工作非常忙碌，沒辦法經常回家。她們定時會拿錢給弟弟，麻煩他對爸媽與家裡的事情多費點心思，還好弟弟也是個成熟、負責的人，對於承擔起照顧父母的責任沒有怨言。

有一次，她抽空回家，看著爸爸、繼母與弟弟的相處互動，彼此融洽和睦、又有默契的模樣，她忽然有一種自己不是這一家人的錯覺，好像被排除在外，這種感覺讓她難受。或許是出於妒意，也許是覺得委屈，她趁著與爸爸獨處的機會，告訴他當年因為紅豆麵包而發生的事情。她爸爸聽到這件陳年往事，露出驚訝的神情，可是並沒有替她生氣，反而勸告她不要拘泥過往，過去的事就讓它過去，便不再多表示什麼。她對於爸爸的態度感到失望，那天帶著落寞的心情離開。

——選擇看淡一些事情，不是委屈自己，也不是隱忍過錯，而是看淡才能保護好自己的心。

再過了幾年，她爸爸突然腦中風，在鬼門關前走一了遭，雖然幸運撿回性命，可是也造成無可避免的後遺症。一邊的手腳變得無力，不良於行，對於某些人事物的認知有障礙，有時會像個小孩，變得需要有人經常陪在身旁照料。

有一天，她一大早就回家想要看看爸爸，她看著繼母照顧爸爸的模樣，心裡充滿了感動與感謝。她看著繼母帶著爸爸出門散步，等待心愛的人將無力的腳慢慢跨出那一小步，或是吃飯時幫他擦去吃得滿臉的飯粒，還是扶著他協助如廁，每一件事都是需要耐力與體力，而繼母都是親力親為，不假他手。在家時，繼母總是握著爸爸的手，靜靜陪在他的身旁。看著眼前這一切，她心想自己真的沒必要心存罣礙，爸爸能有人如此相伴，已屬難得。

那時，繼母讓爸爸在椅子坐好，請她幫忙看著爸爸，便進去廚房忙了。爸爸探頭看向廚房，確定繼母不在，露出神秘兮兮的表情向她招手，示意她過去，要她打開身後置物櫃，低聲向她說：「裡面我藏了一個麵包給妳，那是昨天妳媽買的，我不餓，偷偷留給妳吃。」說完，他像個孩子似的使眼色要她趕緊將麵包收好。她拿著麵包，看著爸爸，淚水已經模糊了視線。

她想起小時候爸爸對她們說的那句：「妳們永遠是爸爸最心愛的寶貝」。

——心意之所以稱為心意，那是因為放在心裡沒有表現出來。只有行動才能表明自己的心意。

愛你的人對你的期望，永遠不會是要賺多少錢，也不是實現什麼遠大的夢想，只要你能過得好就已經足夠了。

無論發生了什麼事，真正愛你的人都會陪伴在你身邊。因此，當他們需要你的時候，請盡量陪在他們身邊，不要為了工作、為了賺錢，而冷落那些在乎你、愛護你的人。陪伴，那才是最值得的。

有時，我們會認為別人對自己不夠好。但，很有可能他覺得自己已經付出很多，也做得足夠，只是他能給予的或他以為的好，與你期待的有所落差。也許，不是別人做得不夠好，只是我們的期望過高。或許，對方在其他地方的表現與貢獻很傑出，只是你還沒發現而已。同樣地，當別人責怪你做得不好時，你也不必自輕自賤，很可能只是對方想要的，跟你的標準不同。

每個人都是獨一無二的，別人無法替代，我們也無法要求別人成為另一個誰。不是隨便一個人都能變成我們的父親、母親或任何親人，因此，我們也不能指望誰能做到跟父親、母親或任何親人一樣。

很多人認為懲罰就是管教、要打才會記住教訓，但是，教導孩子並不是要讓他心生恐懼，也不是要摧毀他的自信心，懲罰與打罵只會為孩子帶來挫折、自卑與傷害而已。很多時候，大人們自以為是的管教，往往造成孩子心中的陰影而不自知，所謂的教導，不等於要教訓，而是會經過解釋後，告訴孩子錯誤的地方與正確的道理，不是完全不能懲罰，但可以定下彼此認可的適當罰則，懲罰也不等於打罵，有太多方法能夠替代。

最後，應該提醒自己：隨著時光前進，那些開心的、難堪的與痛苦的，都是已經發生的過去，也是無法改變的事實。那些過去會存在那裡，或許永遠都無法消除，我們能做的，是用嶄新的現在覆蓋掉老舊的過去，用過去來警惕現在的自己，別讓過去為難了現在的自己。

那些溫暖

即使想要給人溫暖，也必須讓
自己先變得強大。

立場

「每個人心目中的美好愛情有著各種模樣，可是，失敗的愛情卻只有一種原因：不愛了，再也不想試著花心思改變了。」

——

你好，我是立生。

我與甄琳是戀愛結婚的，特別說明是戀愛結婚好像有點奇怪，不過，我一度以為自己要走入婚姻必須依賴相親才能成事。倒也不是討厭相親，我並不排斥參加婚友社，只是在我的認知裡，參加相親活動的自己，就像是擺在空蕩蕩的貨架上等待季末出清的特價品。不知道這樣形容你能理解嗎？

從小我就很喜歡寫字，無論是用毛筆練書法，還是用鉛筆罰寫錯字，對我來說，都不算是辛苦或無聊的事，反而樂在其中。寫字對我彷彿有一種魔力，或許是因為需要專注力，所以可以讓自己暫時忘卻現實。每當遇到不開心的事情時，我會寫字，寫著寫著心情就會慢慢和緩下來。對於內向害羞、不擅表達、經常被同學嘲弄的我來說，寫字就像是一種自我治癒，一個可以把自己躲藏起來的結界。

長大後，我進入了一間專門製作鋼筆的小公司，擔任產品設計，身邊的人都說這份工作非常適合我。剛入行時，負責指導我的師傅說：「鋼筆就是西方書法的書寫工具」。然而，在數位時代，電子產品大量取代了紙張與筆，更何況原本就是小眾市場的鋼筆，因此銷量非常慘淡。國內還在製造鋼筆的廠商屈指可數，我們公司能夠生存下來也是奇蹟。

不過，人類社會就是這樣奇妙，當某一種潮流走久了，就會興起反向的潮流。比方說，一直用機械化生產的商品，久了便會吹起手作的風氣；使用數位相機久了，於是有人重新拾起底片相機拍照；用電子產品打字久了，最近開始流行起手寫字，很多人重拾起筆，一撇一畫，再次體驗手寫的樂趣，這股熱潮讓鋼筆生意起死回生。

說起戀愛結婚，為什麼會提到寫字？我會認識甄琳，就是因為筆。

——緣份來時，悄無聲息。不是每個擦肩而過都會相識，也不是每個萍水相逢都能終老，緣深不夠，也只能黯然退下。

那天，我去鬧區的大型書店逛逛，了解市場也是我們做產品設計時應該關心的事。一走到文具區，便看到甄琳在那裡選筆、試寫，她站在那裡，感覺那個區域都閃閃發亮了。她的魅力除了外型漂亮之外，即使不認識她，從未與她交談，仍然可以感受到她散發出來的溫柔、心暖的氣息，好像遇到再不開心的事時，看到她後，心情就能放鬆和緩。就像寫字對我的作用一樣，不知道這樣形容你能理解嗎？

即使第一眼就對甄琳深深著迷，我也沒有勇氣走向前認識她，我明白自己有幾兩重，自知之明算是我少數的優點之一吧，像她那種如女神般存在的女生是不可能會看上我的，說不定連跟我說話都覺得不舒服。我雖然在文具區逛，但目光卻不自覺地飄向甄琳，從不同位置看著她，看著她低頭拿筆試寫的神情，看著她的側臉，看著她的背影。越是一直看著，那種我與她是完全不同世界的失落感，就像是不斷傾倒下來的砂石，壓得我快喘不過氣。不好意思，我媽常說我說的話很難懂，不知道這樣形容你能理解嗎？

還好，那時負責文具區的書店店員走過來找我聊天，讓我得以從不斷加深的失落感中脫離。我經常會去這間書店，店員也知道我是鋼筆公司的產品設計師，偶爾藉由與店員的談話，我可以從中獲得一些關於市場的情報，這是很珍貴的參考資訊。

後來因為有顧客需要協助，我與店員的聊天便順勢結束，走回鋼筆櫃繼續蒐集情報。市面上的鋼筆產品主體結構設計大同小異，而我們設計師所著墨的，通常會從外觀、材質及手握感下手，因此，在觀察其他品牌的鋼筆時也會以這些重點來參考。我專心欣賞擺放在櫃內的各式鋼筆，突然有人向我搭話。

「先生，不好意思，可以打擾你一下嗎？」

我與甄琳的相識是由她主動的，說給十個人聽，大概有十一個人不相信，而多出來的那個人就是我自己。

甄琳會主動找我，原來是因為她聽到我與店員的談話，從中得知我從事與鋼筆相關的工作。而她在手作市集與朋友一起擺攤，當時手寫字的風氣正流行，她們想用鋼筆做點簡單的裝飾，變成手作商品販賣，因而想要了解一點關於鋼筆的知識。

雖然跟甄琳說話讓我非常緊張，可是我對於「筆」的專業是相當有自信的，只要是與專業有關，我便可以侃侃而談，更別說是樂於與她分享我的經驗了。那天我與甄琳坐在書店經營的咖啡店聊得滿開心的，她看起來似乎對我的印象還不錯？

為了討論鋼筆，我們之後陸續相約了幾次，我也去過她們擺攤的手作市集，後來再熟識一些，才知道甄琳真正想做的是拍電影。她雖然喜歡手作，不過，擺攤主要是為了生活所需及籌措一些拍攝長片的資金。甄琳大學畢業那年拍了一部短片，參加青年影展獲得不少好評，甚至還有媒體報導她是值得期待的新世代女性導演。聽她朋友說，也有經紀公司想簽甄琳當演員，畢竟她的外型出眾，極具發展性，可是她卻不願意，只想從事幕後工作。

我也喜歡電影，得知甄琳是導演後，我很驚喜，如此充滿魅力又多才多藝，讓我更加愛慕她了。這麼完美的她後來居然接受了我的告白，願意跟我在一起，那時我真覺得自己是全世界最幸運的人，幸運到不免懷疑會被老天折壽的地步。

其實，我與甄琳還真的挺契合的，有不少共同的興趣與話題。除了電影之外，我們兩人也喜歡攝影與文學，只要得空就會去探訪各地的老屋古宅，爬山涉水去拍美景。那天我們在山上抬頭望著滿天星海，握緊甄琳的手，我的內心好踏實，「我覺得若這輩子就這樣手牽手過下去，應該會很棒吧？」我試探著問。結果甄琳居然點頭答應，然後我們像傻瓜似的一起哭了。

——結婚，只是兩人決定攜手邁向另一階段，而不是感情的結果。婚姻，只是彼此在法律上的約定，從來不是決定之後便會幸福的事。

結婚六年，好多人事物不知不覺地在某個部分也隨著時間改變了。

甄琳與朋友一起經營的手作生意因為某些原因結束了，後來她去高中同學介紹的選物店工作，始終存不了拍片的資金，她似乎也放棄了電影。三年前孩子出生，為了照顧孩子，我們兩人商量後，她決定離職暫時當個全職媽媽。或許，當時讓她離職的決定是錯誤的，因為現在的甄琳不再是當初那個閃閃發亮的女人，變成了一個再尋常不過的家庭主婦。

以前的甄琳會跟我聊攝影、電影與文學。現在的我們，話題總是圍繞著家事、菜色與孩子，不然就是電視新聞與節目。我以為結婚後，彼此還會是情人，可轉眼之間我們成了家人。我不喜歡變成媽媽的甄琳，我想念那個閃閃發亮、充滿魅力又多才多藝的女人。

說到不喜歡，不喜歡的事還有很多。

我不喜歡米飯煮得太黏，可是甄琳覺得那樣的飯比較好吃，於是我只好一直假裝自己喜歡。每次外出去餐廳吃飯，我並不喜歡老婆點的菜色，我猜我點的料理，她也未必喜歡，因為我曾暗自測試過幾次，她點的菜跟我心中想點的完全沒有吻合，但我還是讓她點菜，至少我不會挑食。我不喜歡喝即溶咖啡，可是每天早上甄琳都會準備即溶咖啡，讓我搭配早餐，因為那是她貼心為我準備的，當然要珍惜，我不會拒絕，只有自己獨自在家時才會泡手沖咖啡。

我不喜歡寫字的時候被打擾，可是甄琳經常挑在這時候找我聊天，雖然覺得困擾，不過我也不能怪她，畢竟平常她在家顧孩子，與我聊天的機會並不多，怎麼好意思拒絕呢。我不喜歡看電影時有人在旁邊一直評論，偏偏她是個對電影各方面都有不少意見想說的人，我總要一邊看電影一邊聽她發表意見。我不喜歡讓我洗碗後她又重洗一遍，雖然沒有開口，這個動作就是在對我指責：「你碗沒洗乾淨」，我還寧願她直接告訴我，不然就乾脆別讓我洗不就好了？

明明還愛著她，卻有很多事無法適應她。

這個事實讓我感到沮喪，原來還有比無奈更加無奈的事情——明明想繼續向前走，心卻把自己往另一個方向帶。有時，我覺得那個如女神般存在的甄琳被柴米油鹽的生活擄走了，被小孩的哭鬧奪走了，被一直前進的時間帶走了。我想要把我的女神找回來，可是卻又感到無能為力。我想，我從來都不是當英雄的料。

你知道嗎？我下班後經常會把車停在家樓下，待在車上聽著廣播節目播出的歌曲，拿出筆記本胡亂寫些什麼，或是像現在這樣寫寫信，讓自己獨處一陣子。否則，一打開車門，我就又要踏入無力的現實生活了。

—

我是甄琳，不太懂得該怎麼介紹自己。

倒是大學時拍的短片在影展得獎之後，有些媒體是這樣介紹我的：具有明星魅力，清新脫俗，以女性獨有的細膩視角自成一格，是值得期待的新世代導演。

或許這就是多數人對我的看法。他們不在意我工作上的表現，看到的只是我的外貌條件與性別差異而已。

「生存本來就是一件不容易的事，而我的創作就是要探尋每一個生命的本質。」

高中時期，我在電影雜誌看到一位大導演的專訪提到這句話，讓我興起當導演的念頭，我也想去找尋生命的本質，包括我自己的。有人說，導演像「神」，想創造什麼就創造什麼，想怎麼拍就怎麼拍；有人說，導演像「王」，或許自己做不到，可是其他人都得想辦法完成「王」想要的作品。我反而覺得自己像個「小組長」，可能是我拍片時還是個學生，一起拍片的都是同學與朋友，雖然我是導演，但實際上更像是大夥共同創作，團隊每個人都會加入討論。不強勢，會退讓，希望每個人參與意見——這或許是我的優點也是缺點。我記得有一次拍片現場令人精神崩潰，我們叫了灑水車，結果發生突發狀況，使得場面一度混亂，所有器材都進了水，有的甚至還在冒煙，每個人都被搞得又冷又累，根本無法好好思考。因此，每每討論下一步該怎麼做都要花上許久的時間，如果當時的我能夠果斷決定，也許能讓拍攝工作更加順利吧？

我的作品在青年影展得獎，對於我的導演生涯並沒有實質幫助，我很想拍一部關於漁村沒落與轉變的故事，可是籌募拍片資金對於新進導演是一件非常困難的事，開拍遙遙無期，所以我便先跟朋友一起做手作商品擺攤過活。我曾經試著接一些商業廣告片的拍攝，不過，卻經常得面對客戶在性別差異的態度，不能說是歧視，但在洽談的過程中，都帶著打量與質疑，好像不認為女性導演能懂得他們所要的。而且有些客戶需要應酬，這讓我感到很不自在，自認個性不適合接下那樣的案子。

——社會上充斥著各式各樣的偏見，打擊一定會有，但也只能不斷地證明自己的能力，才能導正那些既定的偏見。

與立生相識，或許跟我做事希望有人能夠參與意見的個性有點關係吧？那時的社群網站流行用鋼筆抄寫句子，我覺得有獨特裝飾的鋼筆也許會有客人想要購買，於是跟合夥的朋友討論，她也認為可以嘗試，我便去書店尋找靈感，思考接下來能怎麼做，沒想到遇到擔任鋼筆設計師的立生，機會難得，沒有多想我就上前詢問意見，因此結緣。

剛開始我對立生並沒什麼好感，他除了對於鋼筆的知識與熱情令人驚嘆之外，聊天的內容多半無趣不幽默，講話很小聲又含糊不清，給人古板木訥又懦弱的感覺，不是我欣賞的類型。不過，後來相處久了，慢慢發現這個人還不錯，個性善良、替人著想，是個讓人感到安心、值得信賴的朋友。

我從未想過自己會走入婚姻，也不曾想要依賴男人。我相信愛，但不相信婚姻制度，或許是因為看過爸媽的婚姻慘況吧？因此，我認為婚姻並不能保障自己的幸福，唯有愛可以。只要找到可以好好愛自己、願意包容自己；而自己也同樣可以好好愛他、願意包容他的人，即使沒有婚姻這個桎梏，兩個人還是可以相依一輩子。

立生求婚時，我內心糾結了。但，那時的我累了，疲於面對眼前的人生。想拍的電影資金無法到位，開拍日遙遙無期，而與朋友合夥的手作商品雖然也是自己喜歡的，可是與朋友經常意見不合，自己也不擅長應付各式各樣的客人，對於那樣的生活感到累了、乏了。立生為人誠懇實在，跟他相處感覺舒服，對我也無微不至。他或許不是七十分的情人，但應該是八十分的老公，跟他共組家庭不錯吧？我突然發現自己渴望擁有一個可以守護彼此的家庭，現在回想起來，我可能是藉由與立生的婚姻來逃離自己原本的生活吧。

結婚之後，立生成為了我生命中最牽絆的家人，替自己心愛的人做飯，照顧我們的心肝寶貝，處理日常家務，為了這個家，每天做著單調的、重複的事情，我也心甘情願。如果問我，有機會想不想再回去拍片？當然會想啊，只是動力已經沒有以往那麼強烈了，照顧好家人是我目前最重要、也最想做的事。假使讓年輕時的我看見現在的我，肯定會驚嚇到嘴都合不上來了吧？

——所謂成長，有時就是現在的你成為了過去你曾鄙夷不屑的那種人，內心反而沒有格格不入，還覺得一切是水到渠成、甘之如飴。

最近我與立生的相處明顯出了問題，彼此之間的話題變得貧乏，而他看起來似乎有心事，問他也問不出所以然，只是用「工作累了」輕輕帶過。我明白立生外出工作一定有壓力，不過，我在家處理家務、照顧孩子也不是什麼輕鬆的事。嫁給他之後，我放棄了拍片的夢想與原本的工作，全心全力照顧家庭，還學習廚藝與家務，等於把自己的人生都交給了他。

成為牽絆的家人應該要共享彼此的歡樂與煩惱，雖然我們每天見面，但是他不清楚我的苦惱，而我也不明白他的想法，這樣的我們真的可以繼續走下去嗎？我因為想要有可以分擔彼此生活的家人才結婚，而現在仔細回想，立生根本不算家人，只是睡在同一張床的人，我們的婚姻怎麼會變成這樣呢？如果夫妻之間需要用小孩才能維繫彼此，是不是已經走到了盡頭？

昨天我哄完孩子睡午覺後，一邊折衣服一邊看電視，節目正在談「假性親密關係」，他們說住在同一個屋簷下過著家庭生活，兩個人的關係或許已經非常緊密，一切日常活動都圍繞著彼此安排。但另一方面，不知從什麼時候開始，兩人之間有愈來愈多無法討論的話題、不敢表達的情緒，以及難以察覺的不安全感。看似穩定的關係，若無法察覺、解決這樣的情感問題，假性親密關係就因此產生。往往有很多夫妻會迴避或忽視，也造就之後的貌合神離。

「貌合神離」頓時說中了我與立生的狀態，是不是我們都不清楚自己想要的人生是什麼，不清楚對方在感情中想要獲得什麼，也不清楚自己是否能夠滿足對方的需求，使得我們的相處變成單純的依賴、還有習慣與責任了。

——

有一晚，立生回到家，扯開領帶，下定決心與甄琳談自己內心的掙扎。他終於認清如果不將結打開，只是讓這段關係將兩人慢慢拖進死胡同而已；雖然打開結有可能讓彼此的關係斷了線，那也無所謂，至少讓彼此有重新找回自己人生的機會。

吃完晚餐後，立生邀甄琳到客廳看影片，電視播放的是甄琳當年拍的那部得獎短片。

故事大意是一個女孩對於父親懷抱著複雜的情感，她期待父親的理解和疼愛，可是木訥的父親卻不擅於表達自己的情感，讓女孩覺得父親不在乎自己。隨著年齡增長，父女間的距離也愈來愈遠，原本應該親近的人變得疏離，相處成了彆扭的事。直到一位開朗的男孩闖進了女孩的世界，讓她發現喜歡一個人並不複雜，也讓她用另一個視角重新看待父親，才終於使得父女兩人重新拉近。

甄琳已經很久沒有看自己的作品了，現在的她，從那些畫面的運鏡、剪輯、光線及配樂，可以感受到當年的青澀、單純、敏感及熱忱。

影片播畢，立生做了深呼吸，用著笨拙的詞彙、結巴的口條，緩慢地將自己在這段婚姻裡的感受、遇到的問題與對於另一半的期待全都說出來。雖然他的女神喪失神采成為凡人，即使浪漫的情人變成了日常的家人，但他還是想要兩人繼續走下去。就在立生寫下他想要說的話時，讓他回想起當初那個瘋狂迷戀甄琳的自己，他希望老婆不要為了他、為了家庭犧牲自己，他希望甄琳能夠去做自己想做的事，他期待再度看見那閃閃發亮的女神。

聽了立生的心聲，甄琳這才發現到彼此的想法竟有這麼大的差異。從戀人變成家人，甄琳覺得是關係的進化，而立生卻認為是一種退化。看似木訥古板的立生，內心渴望的是新鮮、浪漫的愛情生活，平實的、單純的家庭生活反而讓他窒息難受。為了愛，為了婚姻，為了家庭，他們只是一味付出與迎合對方，卻從來不曾想過理解對方的心理與需求，甚至可能也沒有真正接納過對方，只是片面的、狹隘的對自我的角色做定位而已。

甄琳知道問題不只在立生身上，自己將全部的精神都投注在立生、小孩與整個家，也讓他感到沉重壓力。雖然對於立生所說的一切感到洩氣，同時也慶幸他的坦誠點醒了自己。甄琳告訴立生，自己會重新嘗試導演工作，不再好高騖遠只想拍長片，打算先從描寫婚姻關係的短片開始。立生聽了很開心，並告訴甄琳，他願意多分擔一些家務，讓她有更多的時間去做自己想做的事。

就像甄琳當年拍的短片，她現在也可以用另一個角度去看待立生與家庭，兩人之間的距離，還是有機會重新拉近的。

——有時，未必是對方變了，而是自己打從一開始便根本沒有完全認識對方，只是一味用單方面的理解與觀點去看待。

愛從來不是萬能，結婚證書並不能保證永恆，有人可以愛你一輩子，但也會有愛用盡的一天。戀愛關係之所以困難，不是牽起手就可以永遠不會放開。終究，我們得明白愛有其美好的一面，自然也有痛苦的一面，習慣傷心，適應孤單，學習療傷，勇於溝通，然後再重新開始。

你我都是在嘗盡了愛情的酸甜苦辣之後，慢慢變得堅強、變得勇敢，同時也變得柔軟。相愛的人，可能各有不滿，或許各有委屈，卻仍會為了一個原因依然選擇繼續牽手走下去。正因為是愛的初衷。

只要在一起就有未來，即使各自追求的不一樣也無所謂，因為我們可以成就彼此的追求。兩個人出力，總比一個人有力。

相處時，能夠擁有良好的溝通是難得的。當然，就算彼此不溝通也可以相處自在，那是最完美的。

什麼是幸運？真性情的人，可以遇見一個心胸寬闊的人；少話的人，可以遇見一個體貼有耐心的人；重感情的人，可以遇見一個懂得珍惜的人。無論兩人是相似，還是互補，最重要的是無時無刻把對方放在心上的情意。

愛，就是你知道有個地方會一直等待著你回去，無論你走到多麼遠。

限量款球鞋開賣的——那天

「惡劣的人通常不懂得感謝與珍惜，因為不懂感謝與珍惜本來就是一種惡劣。」

——

有天早晨，在趕赴工作的路途上，經過臺北市信義區的香堤大道，在松高路那段附近聚集了不少人，平時那裡本來就是人潮車流量多的熱鬧路段，畢竟周邊各大百貨公司與辦公大樓林立。到了假日更是可怕，聚集了各地前來的遊客、各種表演型態的街頭藝人、發送促銷傳單或試用品的工讀生，再加上為了不同目的而舉辦的各式行銷活動設施，整條行人徒步區到了假日午後熱鬧非凡，人潮川流不息。不過，我當時路過是在假日早上七八點左右，百貨公司尚未開門營業，附近的辦公大樓也沒有人上班，行人三三兩兩，因此，在那裡聚集了人潮格外引人注目。我目測大概有七八十個人左右，他們自動依序排成曲曲折折的人龍，看樣子應該是在排隊搶購什麼限量商品。

晚點工作結束後，再度經過那裡，百貨公司剛開始營業，門市的鐵門已經拉起，這才知道原來那是某運動品牌與籃球巨星麥克·喬丹（Michael Jordan）合作的聯名商品專賣店。即使不懂籃球，沒有看過NBA，你也一定知道麥克·喬丹，他不只是史上最偉大的球員之一，更是將NBA推向全世界的看板巨星。聯名品牌商標就是用麥克·喬丹飛身灌籃的招牌動作剪影設計而成。從一九八四年發表第一款球鞋開始，每一代新款球鞋推出都造成球迷搶購熱潮，不少人甚至不惜徹夜排隊，尤其是特定限量款式，據說，某些款式的轉賣價格更高達數倍。那天，原來是第十一代喬丹鞋的開賣日。

我在排隊的人龍裡發現一張熟面孔，他是我的前同事，已經多年未見，因為社群網站而保持著關係，平時幾乎沒有聯繫，只是偶爾會看一下彼此發表的近況動態，按個讚表示已讀，如此而已。印象中的他跟喬丹鞋無法聯結在一起，朋友是個靦腆、斯文的人，說話感覺有點溫吞，待人友善客氣，看起來並不是運動型的，從來沒聽他提過籃球，也不像是喜歡流行文化的人，因此在那裡看到他讓我有點意外。當我走過去打招呼時，他的表情除了驚訝，明顯還帶著害羞與尷尬，或許是不想讓其他人知道他來排隊買球鞋吧。

那天他是與朋友結伴一起排隊的。老實說，事後我對於自己過去找他攀談也感到後悔，除了讓對方尷尬，自己其實對於社交閒聊也不拿手。每個人都有適合的角色，硬要讓自己去扮演不適合的角色，通常很難演得好，不僅自己感到彆扭，別人也未必喜歡。我本來就不是個擅長主導聊天話題的人，因此，與他閒聊的內容，也就是一般許久未見的朋友會聊的那些——最近工作如何啊，結婚了沒，跟某人是否還有聯絡之類的……不會獲得什麼，也不會失去什麼。

——社交之所以累人，只因為那時的大家都在盡力展現自己平時

不具備的條件。背負太多原本不具備的，肯定會感到累。

那時候，我注意到一個滿有意思的狀況，在排隊搶購球鞋的人龍中，以二十歲到三十歲左右的年輕人居多，而且絕大多數是男性，可是裡面也有參雜了為數不少看起來已經年過花甲的太太，她們在人龍裡顯得格格不入。我主觀認為那些太太們應該不是會喜歡喬丹球鞋的族群，如果真的是，那也很有趣了。

之前曾聽說有人因懶得排隊或是沒空到現場，為了能購買到心儀的限量商品，寧願花錢找人代購，我猜想那些老太太們多數是替人打工代排。有需求就有供給，只要有利可圖即可，這是資本主義社會能夠運作下去的動力。

正值五月底，再過不久就是夏至，天氣炎熱難耐，什麼都不用做，光是站著就已經滿頭大汗了，心裡暗自佩服那些早早就前來排隊的阿姨、阿嬤們，意志力與耐力非常強大。那些花甲大媽們都是經驗老到的模樣，全副武裝，有備而來，有的全身上下只差一頂斗笠就是在路口賣玉蘭花小販的完整裝扮了；有的還會自備小折凳，扇子或攜帶型小風扇，這些可是她們少不了的必備單品。

相較之下，排在朋友後面的老奶奶似乎就遜色一點，除了臉上那副鏡片又大又黑的粉紅色粗框太陽眼鏡，就只有手上撐的那把碎花小傘了，看起來明顯配備不足。老奶奶穿著白底碎花的絲質洋裝，從穿著打扮看來家境不錯，佔了她臉部一半的粉紅色粗框太陽眼鏡存在感實在太強烈，很難不注意到汗水從她那燙得蓬蓬捲捲的頭髮間涔涔流下，因為流汗讓臉上的妝容變得斑駁，顯得有些狼狽。

「肖年仔，借問一下，還要多久才開始賣？」老奶奶突然向我朋友搭話。

「晚上六點開始哦，阿嬤。」朋友回答。

「夭壽，要這麼久哦！」能感覺出老奶奶的語氣充滿著驚訝與絕望。

「晚上六點是給號碼牌，還要抽籤，要抽中號碼才有資格買鞋。」朋友再給予奶奶沉重的一擊。

「是哦，謝謝，甘溫哦，我知道了。」老奶奶微笑答謝。

雖然老奶奶帶著微笑，但是我相信她一定深受打擊，鐵定想不到買一雙球鞋居然要這麼辛苦，而且還未必能買到。出於好奇心，我想瞭解老奶奶來搶購喬丹球鞋的動機，便開口詢問。

「是要幫我孫子買的啦，我才不會吃飽太閒買這種鞋，搞不懂為何這麼多人要搶著買。」

老奶奶不是替人代排賺取零用錢，原來是為自己的孫子來排隊的。不過，這個理由讓我在心中暗自翻了個大白眼。我想，隊伍中的那些大媽們，應該也有不少是在幫自己的兒子或孫子排隊。現在的年輕人是怎麼回事？自己想要的東西，卻不願花時間、不願付出、不願辛苦，反而讓家中長輩來代勞，在現場受著風吹日曬雨淋地為自己排隊，他們的良心怎麼過得去？另一方面，現在的家長究竟是怎麼回事？替別人排隊至少還能賺點錢，幫小孩排隊，不只沒賺到錢，還會讓小孩認為凡事都有人幫忙，說不定有些孩子還會覺得自己獲得的一切都是理所當然，這樣的做法根本就是溺愛。

當然，誰要買鞋，誰要排隊，那是別人家的事，一個願打，一個願挨，身為外人管不著。社會輿論時常探討教育制度的問題或是檢討學校教育的缺失，但，我覺得真正重要的應該是家庭教育。家庭教育才是整體教育環境的根本，如果我們可以從家庭裡就培養孩子待人處世的良好觀念，還有不偏不倚的價值，學校就可以花更多心力在教導知識與專業，而在公民道德教育方面只需適當引導即可。反之，假如家庭教育已經讓孩子產生了偏差的觀念，即便學校教育也是很難扭轉的，根基已經歪斜，想要導正仍將事倍功半。

若一直把別人的付出視為理所當然，有天，別人也會把討厭這個人、甚至排擠這個人視為理所當然。

或許有人會認為替小孩排隊買東西，並不值得大驚小怪，而是一種體貼和愛的表現。如果是他有事沒空，你願意幫忙排隊幫忙買，我們可以說那是體貼；萬一只是他懶惰、不想花時間精力，那便不是體貼，而是溺愛。

——溺愛，是一種看似無害的慢性毒藥，在無形中毀壞一個人的價值觀以及自我生存的能力。

當我準備與朋友道別時，有個打扮入時的年輕人走近老奶奶，看起來像大學生的年紀，我直覺認為他就是老奶奶的孫子。

「阿嬤！你怎麼沒跟我說，就自己跑來排隊啦！」孫子有點生氣的模樣。

「某啦，之前聽你說過想要這雙球鞋，啊想說你生日快到了，要買給你當生日禮物，沒想到要排這麼久，有夠累人！」阿嬤漲紅了臉，用既害羞又開心的可愛表情回答。

「還好媽媽跟我說，不然你自己一個人在這裡傻傻的排隊。」孫子遞出小毛巾給奶奶。

「什麼傻傻的排隊，阿嬤很認真在排咧。」奶奶接過毛巾擦擦汗水。

「買鞋要用會員卡，而且還要核對本人證件才能買。妳有嗎？妳說妳傻不傻？」孫子一邊說一邊從皮夾掏出卡片在老奶奶的面前晃著。

「蝦密啊，要這麼麻煩哦？」就算奶奶戴著太陽眼鏡，我仍然看得到她瞪大了眼。

「對啊！」

「要排隊，又要抽籤，而且還要會員卡，這樣還有這麼多瘋子來買哦？」

「妳不懂啦！妳趕快回去，我自己排就好。」

「不然我們一起排，阿嬤陪你。」

「不要，不用妳陪，妳站這麼久了，快回去休息啦！」

那對祖孫似乎感情很好，你一言我一句的不斷鬥嘴。在他們的鬥嘴時，我向朋友道別。

離開時，心裡覺得慶幸也感覺暖暖的。覺得慶幸的是，還好老奶奶的孫子並不是那種讓長輩替自己辛苦，而自己只想享受、不願吃苦、被大人寵壞的小孩。感覺暖暖的是，能夠遇到一對感情融洽的祖孫，雖然嘴上不說，旁人都明白奶奶疼愛孫子的心意，以及孫子心疼奶奶替他排隊的辛苦。

——很多事物的本質與我們從表象所見的並不一致，對於任何人事物，不妨試著拉長距離、多一些時間，細細觀察、好好相處。時間這麼長，何必急著下判斷？

冀望我們都不要成為視一切為理所當然的人，不把別人的付出視為理所當然，也不把自己的付出視為理所當然。對於他人給予的好表示感謝與珍惜，即使是親人的給予，也是貴重的珍寶；對於自己的給予適可而止，並非一味付出就是愛，當你的付出不適當時，反而是對人的傷害。

記得這個世界不是為了自己而存在，而是為了活在這個世界上的每一個人而運作的。凡事不以自我為中心來思考，而是該思考自己的存在能為這個世界提供什麼樣的價值，自己的存在可以讓身邊的人感染到什麼樣的心情。

我們之所以活著，不是為了造成他人的不便與煩惱，是為了讓自己愛的人與愛自己的人得到幫助。

你想要獲得什麼，就得付出一些什麼，無論是勞力、心思、金錢或時間，這世界沒有能夠不勞而獲的事。或許，你可以暫時利用他人的付出來替自己獲得一些利益，也有可能在往後的日子裡付出一些代價，只是現在的你還不知道那將會是什麼而已。

沒有人是無緣無故對你好的，自然也沒有人是平白無故會對你壞，在漫漫生命中，每個人對我們的態度都是有其原因的。

有什麼因，便會得什麼果。喜歡你的人，讓你擁有了溫暖和自信；不喜歡你的人，讓你獲得了成長和自省。做喜歡的事，讓你懂得珍惜與快樂；做不喜歡的事，讓你學會了尊重與堅持。

一心只想著要獲得的人，最後只會得到「失去」，會先想到自己該付出的人，獲得的才會長長久久。

他——一直都在

「有些人之所以停留，是因為自己的選擇，卻又想讓那狀態看來無可奈何，這樣就不必說服自己前進。無論處於任何狀態都該好好對待自己，不管你現在是什麼模樣都會有人喜愛。」

——

「聽說市場旁邊的冰店準備要收了。」

「天啊，那間店我很喜歡，昭文從小吃到大，他們的蜜芋頭超級好吃。」

「嗯，昭文也帶我去吃過很多次，店要收掉的原因，好像是那個區域要開始都更了。」

「是哦，好可惜，希望他們會在其他地方重新營業。」

看起來像是母女的兩人坐在休息室裡喝著熱茶閒聊，休息室裝潢得很像咖啡店，大片落地窗，可以遠眺市區的街景，室內照明採用明亮的黃光，卻教人無法感受到溫暖舒適。或許是裡面只有兩組客人，空蕩蕩的，也可能是因為這裡是納骨塔園區來賓休息室的緣故吧，跟死亡有關聯，總讓人不自在。

年紀看起來比較年輕的女人叫小彎，坐在身旁的是她的婆婆，這天是她丈夫昭文去世三周年的忌日。婚後不到兩年，昭文突然病倒了，一點前兆都沒有，從檢查得知病因是血癌，直到他撒手離去，前後不到半年的時間。

昭文過世時，因為臉龐實在太過於安詳，讓小彎以為他只是睡得太熟叫不醒而已，許久無法把他與死亡聯想在一起。

婆婆是個和藹開明的人，小彎很喜歡她、也很尊重她，因為她願意包容一位笨手笨腳、不夠機靈的媳婦。即使昭文去世了，她們還是保持往來，婆婆笑說兩個獨居女人要不定時互相聯絡才好，萬一出了什麼事，至少還有人能夠發現。她們會在昭文的忌日相約去納骨塔，雖然很多人說忌日在家祭拜就可以了，她們還是想來納骨塔看看，順道一起到郊外走走也滿好的。

「媽，妳會不會覺得他們把這個地方取名叫『生命紀念館』很諷刺？」

「為什麼？」

「我們會坐在這裡，不是因為生命，而是因為有親人過世啊。」

「其實死亡沒什麼特別的，很容易出現在我們生活周遭，光是我上班的戶政事務所，每天接到的死亡登記數量平均也有十幾件哦，全市一天加起來大約有七八十件。」

「好有趣，我從來沒思考過這種數字。」

「結婚登記的每天平均也是差不多這個數字，我覺得這個巧合比較諷刺。」

隔天上班，小彎在晨會點名開始之前，跟怡婷聊到婆婆說的死亡登記數字，怡婷發出很大一聲「咦」來表示自己的訝異，小彎對她的反應感到滿意，覺得很有成就感。怡婷是小彎在百貨公司的同事，說同事也不太正確，她們都在少淑女裝樓層工作，卻是不同品牌的專櫃人員，嚴格說來應該是競爭對手。不過，因為曾經合力對抗訂下不合理規定的樓層主管，而有了革命情誼，再加上兩人的個性又合得來，便慢慢成了無話不談的好友。

——死亡並不可怕，我們害怕的，是再也看不到那個重要的、親密的人。

提到死亡登記，小彎聯想到其他事情，而這件事困擾她很久，就是該不該將昭文其實常在家中出沒的事情告訴婆婆和怡婷。比方說，昨天晚餐時，她也和昭文一起討論死亡登記的話題。不過，已經過世的人會現身這件事過於脫離常軌，小彎實在不知道該怎麼說出口。

「所以我的死亡登記是妳去申請的嗎？」

「當然啊，家裡只剩我一人了。」小彎一面舀鍋裡的玉米湯，不忘瞪了昭文一眼。

「如果妳去申請時，剛好是我媽負責承辦的，那就實在太黑色喜劇了。」

「還好，她不是在我們這區的戶政事務所上班，萬一是媽媽負責的，我們兩個人說不定會在申辦窗口相擁痛哭。」

「那情景一定非常感人。」昭文坐在餐桌對側，露出似哭非哭的欠揍表情。

「感不感人我不清楚，但我現在比較想揍人。」小彎舉起左手擺出要揍人的動作。

「每天登記死亡與結婚的數量差不多，很好奇出生登記的數量又是如何。」

「對耶，下次再問媽媽。」

「這世上真的有各式各樣的數量，從人的出生到死亡，也有玉米的生產及損壞數量，當然也有笨老婆與好老公的數量。」

「你那個世界的人，數量也很多吧？」小彎假裝沒聽到昭文的暗諷。

「我不清楚，沒有見過其他的。」昭文搔搔後腦勺，一臉為難的憨笑。

「哎，你就算到了那個世界，還是一個關在家裡的阿宅啊。」喝完湯，小彎開始收拾餐桌。

小彎要拿碗盤去流理臺，抬起頭時，發現餐桌另一頭的昭文已不見蹤影，對此她並不感奇怪，早已習慣昭文倏然現身，轉眼間就消失無蹤。說不定，這是正常現象，所以才會有「神出鬼沒」這個成語。

——許多人恐懼妖魔鬼怪，但若細細比較，就會發現這跟遇見糟糕的爛人與可惡的壞人的機率相比，遇見妖魔鬼怪的機率根本微乎其微。

開完晨會，專櫃人員各自走回自己工作的櫃位準備。小彎一邊準備，一邊回想起昭文過世後第一次在家裡出現的那天。

那是在他火化入塔後的隔日，一連好幾天的葬儀習俗，雖然已經盡量從簡，還是讓小彎感到精疲力竭。比方說，前一天出殯為了合吉時，她清晨四點就要出門，根本沒睡好覺，因此，當一切習俗流程終於告一段落，小彎的身心俱疲已經超越愛人離世的悲傷，她躺上床時還對著門外大喊：「老公，廁所的燈讓你關了。」忘了昭文已經不在，人便立即昏睡，醒來時已是隔天中午。

她在恍惚間刷好牙，走到餐桌倒水喝，瞥向客廳，差點把口中的水給噴了出來，瞬間清醒。小彎揉揉眼再看一次，昭文坐在沙發上，微笑看著她。

「是鬼！」小彎心想。她雖然愕然，可是沒有感到害怕。畢竟是大白天，昭文也沒有散發出恐怖的氛圍，反而是日常的、她熟悉的感覺。

昭文的模樣跟小彎印象中鬼的外形相差很大，不是青臉獠牙，不是紅衣或白服，也不是半透明如氣體般存在，他看起來就是確確實實在那裡。而且現在是大白天，鬼不是應該在夜晚才會出現的嗎？

昭文向小彎招手示意她過去客廳，她走到沙發坐下，順勢偷瞄昭文的腳。嗯，有腳。

「我不是來嚇妳的，我也無法跟妳解釋原因，因為，我也不明白自己為何會出現在這裡。」昭文只要感到為難或不好意思時，就會做出搔後腦勺的動作。

「硬要講原因的話，可能是我擔心小彎吧？」他搔搔頭接著說。

「我也是這麼想。」

「為何妳也這麼想？」昭文露出微笑。

「因為你結婚前曾經說過我太笨了，所以你會一直、一直照顧著我，結果你現在跳票了。」說完，淚水模糊了視線，小彎想起從開始籌辦喪禮後，自己似乎累到連哭都沒有好好哭過。昭文雖然一臉歉意，卻也帶著愛莫能助的無奈表情。

那天過後，昭文便經常會在家裡出現，例如，在小彎梳洗準備上班時陪她聊天，或者是在睡前她做抬腿運動的時候一起做，也有幾次是一回到家就看到他。每次出現的時間不會太長，頂多十分鐘左右，頻率不一定，有時是兩三天一次，有時是隔了一周左右才出現，不預告也沒有前兆。

雖然昭文死後又出現在小彎身邊這件事不正常，不過，小彎認為至少獨自一人的生活變得沒那麼難熬。

——多數時，許下承諾時都是真誠的，不是心存欺騙的。但，世事難料，難免會出現不得不違背自己心意的時候。那不是說謊，承諾有時會以另一種形式延續。

站在櫃上準備迎賓時，在對面專櫃工作的漢生一直盯著小彎，不時做出奇怪又好笑的表情逗她。她白了他兩眼後，便不正眼看他。去年漢生報到上班沒多久，便開始對小彎不斷示好，在眾人面前也絲毫不掩飾，經常會替她買吃的、喝的，偶爾還會邀她下班一起出去，但是通常會被小彎拒絕，屢敗屢戰，他也不以為意。

漢生的外型絕對是很多女生會喜歡的，雖然看起來輕浮，其實是個性討喜、善解人意的大男孩，小彎並不討厭他，甚至是懷有一點點好感。她會刻意與漢生保持距離的原因，主要是年紀，漢生二十二歲，足足小了她八歲，這是她心中很大的一道檻。不過，她並非每次都拒絕漢生的邀請，還是有幾次答應過他的邀約，但都拉著怡婷陪同，她不想讓他們見面時感覺像是在約會。

「我只想跟你做好同事、好朋友，你再怎麼花心思對我，都只是浪費時間，只會讓自己受傷。」有一次在居酒屋喝酒聊天，小鸞直接挑明，希望漢生能夠死心。

「我不能強迫妳對我好，同樣的，妳也不能阻止我對妳好。我會不會受傷，那是我的事，自己負責。我要不要選擇等待，那是我的時間，自己決定。若有一天我不想等了，自然會告訴妳。」漢生說話時並沒有對著小鸞，反而是看著吧台後面的牆，像是看向更遠的地方，滿臉通紅地傻笑著。

「說得好！林漢生，果然是個真男人，姐支持你，我們乾杯！」說完，怡婷與漢生舉杯一飲而盡，兩人喝完一臉滿足。

怡婷希望好友能夠盡快找到理想的對象，雖然小鸞表面看來沒事，工作表現與生活起居都很正常，不過，她很清楚這位好友還走不出老公離世的悲傷。有時，小彎會不經意提過昭文，例如，有次一起吃中飯時，她望著眼前那碗湯麵說：「如果昭文在，他就會幫忙把蔥挑起來吃掉了。」還有之前聚餐喝完酒，兩個人再回小彎家繼續喝，微醺的她一進門馬上大喊：「老公，拿啤酒出來！」類似的情況不時發生，怡婷認為小彎如果可以再投入另一段戀情，或許有機會打開被悲傷所掩蓋的心房。

那天小彎與怡婷一起走到捷運站，怡婷再次勸告她試著接受漢生的感情。

「他年紀太小了。」

「人家都沒有在乎妳年紀，妳居然還在意他年紀小？」

「會擔心自己和他在一起會顯得老。」

「比起這個問題，我覺得妳真正擔心的，是對不起昭文吧？」聽到怡婷的反駁，小彎一時語塞。

怡婷接著說：「沒有人會認為妳對不起昭文，妳對不起的是自己。我不能保證妳和漢生交往一定會有很好的結果，可是不試試看，永遠只能留在原地，哪都去不了。既然有人想帶著妳向前，為何不試著走看看？萬一突然不想走了，大不了再停下來就好啊！」小彎沒有馬上回話，兩人靜靜走了一小段路。

「好啦，謝謝大姐頭關心，我會考慮的。」小彎過了一會兒，苦笑回答。

——時間不會停留，但回憶會。把你留在原地的不會是時光，往往是自己以及不願遺忘的回憶。

休假日那天是難得的大晴天，小彎趁著好天氣，將衣服洗好，把被單拿到陽臺曬太陽，突然心血來潮，乾脆把家裡全部擦拭了一遍，打掃完成後，她打算沖一杯咖啡犒賞自己。

小彎很喜歡手沖咖啡的過程，與其說是過程，更像是一種儀式。將咖啡豆倒入手搖磨豆器，然後一圈一圈慢慢轉動，喀啦喀啦的磨豆聲，不知為何聽起來就是很療癒，然後淡淡的香氣隨著轉動散發出來。將水煮開，輕煙從壺蓋氣孔飄起，再稍等一會兒，讓水溫微降，把熱水倒至手沖壺，再灑少許的水在濾杯裡暖杯，同時濕潤濾紙，倒入磨好的咖啡粉，輕拍整粉。接著手持水沖壺，將注意力集中在倒入的水柱上，在濾杯上方緩緩畫圓，待適當的時機收壺斷水，看著琥珀色的液體流下，流到適量時移開濾杯，完成。

抬起頭時，昭文已站在她面前。

「我喜歡看妳手沖咖啡的模樣，好像在做一件很有趣、很重要的事情似的。」昭文笑著說。

「對我來說，確實是很有趣、很重要的事情啊！」小彎得意地笑著，一邊將冒著熱氣的咖啡斟入杯中。

兩人暫時沒有說話，小彎細細品嚐自己剛沖好的咖啡，臉上洋溢著滿足。昭文靜靜看著，像是在欣賞一幅饒富趣味的畫作。小彎喝了幾口，放下咖啡杯，做了一次深呼吸，然後坐正，將雙手放在腿上，態度突然正經起來。昭文見狀，不明所以地也跟著坐好並將雙手放在腿上。

「老公，我有事想跟你說。」小彎正視著昭文，因為難得用嚴肅的語調說話，感覺有點彆扭。

「好，妳慢慢說。」昭文點點頭回應。

小彎又做了一次深呼吸，然後下定決心：「我決定要重新開始過自己的人生了。」

昭文聽完噗嗤一聲，笑著回：「妳怎麼感覺像在談分手？」

「討厭，本來也算是在談分手啊，你這是什麼態度啦？」小彎臉一紅，難為情回答。

「傻瓜，根本不必談什麼分手，我已經死了。」

「可是你一直還在我身邊。」說完，小彎兩眼泛著淚。

「我一直在妳身邊，那是因為妳希望我還在妳身邊。」昭文也紅了眼睛。

「所以⋯所以⋯我決定⋯決定要放手⋯讓你離開了⋯」小彎抽噎著說話，淚水撲簌簌落下，已經哭得不成人樣，話都快不成話了。

「傻瓜，我本來就是應該離開的人。不過，能夠聽到妳這麼說，真是太好了。」昭文擦了擦臉上的淚水繼續說：「妳應該好好面對接下來的日子，我希望有人好好愛妳、照顧妳。不要認為自己過得好是一種自私，或者是把我遺棄了。事實上，是我把你丟下了，我再也不能照顧妳，應該要內疚的人是我，所以請妳一定要過得很好很好，懂嗎？」

「嗯⋯我答應你⋯一定⋯一定會照顧好自己。」

「一言為定。如果黃牛，當心我變成厲鬼，晚上出來嚇你哦。」

「你才捨不得呢！」小彎破涕而笑。

「我該離開了，一直沒有好好道別，這次讓我們好好說再見吧！」昭文溫柔地看著她，輕輕揮手。

「笨老婆，再見了！」

「老公，再見！」小彎揮手回應，突然想到什麼似的詢問：「我能抱一下你嗎？」

昭文沒有回話，只是輕輕搖頭。

——有時，我們可以放下一切，卻放不下一個人。但，我們終究必須放下他，才能重新找回自己的一切。

跟婆婆見面時，她開口第一句話就是「市場冰店真的收掉了，前幾天專程過去，結果沒吃到。」於是，小彎就帶著婆婆去附近的冰店吃冰。兩個人合點了一碗八寶冰。

「媽，我覺得妳好堅強。昭文離開後，妳看起來好像沒有被影響太多。」

「說完全沒有，是騙人的。不過，這世上有很多家庭也遭遇親人離世的痛，我們並沒有比較特別，很多人跟我們一樣，甚至更痛苦，人家還是繼續在過日子，為何我們不能呢？這樣想就好了。」

「很有道理，可是要做到不容易。」

「冰不管你吃或不吃，最後都會不見，既然如此，不如好好吃掉它。只是以類似這樣的心情去面對而已。」婆婆說完，勺起一口冰吃掉，露出牙齒酸痛的表情。

「連吃冰都可以悟出道理。」小彎笑了，接著繼續說：「媽，有件事想告訴妳。」

「嗯，什麼事？」

「有個男生一直對我很好，我考慮很久也觀察他很久，現在我想要回應他對我的好。」

「很好啊，只要想清楚就好。妳能夠找到自己的幸福，媽媽很開心，我一點都不希望讓妳因為我與昭文而耽誤了人生。」婆婆溫柔地笑著。

「如果以後，我是說如果哦，有一天我嫁人了，我還是可以把妳當成媽媽嗎？」小彎用撒嬌的口氣說。

「當然可以。不過，前提是你未來的夫家會不會介意啊！傻孩子。」

「我一定會說服他們！」

「要記得，我們過日子，最重要的不是堅強，而是學會不要太堅強。人生有太多考驗，如果沒有人明白妳的辛苦，更要懂得疼惜自己。走了就好好前進，累了就好好休息，調整好再出發就好。」

「好，我一定會好好疼惜自己。」小彎右手拿著湯匙吃冰，左手輕輕握拳，做出激勵自己的動作。

「嗯，我也要好好活到連老天都受不了的地步為止，哈哈哈。」婆婆也握拳激勵自己。

閨密

「最好的友誼，未必是經常聚在一起，而是即使不常見面，在你心裡他一直都在。」

「閨密」這個名詞不知是從何時開始流行起來的，現在都是這樣來稱呼女性好友，應該是閨中密友的簡稱吧？

之前也看過許多人寫成「閨蜜」，不知是寫錯字，還是故意用這樣的寫法來比喻彼此間相處很甜蜜的意思？過去我常聽到的詞彙是「好姐妹」或「姐妹淘」，相較起來，閨密好像真的比較可愛、有親密的感覺。

我有個從小認識到現在的閨密，可是我們的相處與感情卻又跟親密、甜蜜扯不上關係，到底算不算是閨密呢？算了，只要我們清楚彼此的關係就好了，糾結於這些稱呼根本沒必要。此外，算是我個人的偏見吧，稱朋友為「閨密」似乎過於做作，像是刻意要向別人強調彼此的好感情，反而感覺對方私底下並非真心與你交好，可能還會偷走我們的生活、人脈，甚至秘密。真正的好朋友，不必向誰宣告兩人的交情有多好，那種需要演給旁人看的關係，我可一點都不想要。

——有些人的閨密是用另一個閨密的秘密換來的，自以為兩人感情甜蜜如糖，最後才發現她來是為了在你的傷口上灑鹽。

雖然我和她是同班同學，但那時兩人在班上其實是不同掛的。我比較活潑、愛講話，常跟幾個同樣聒噪、愛玩的女生走在一起；而她比較文靜，跟她較熟的那幾個女生也是屬於乖巧型同學。就像我家看護阿桃說過的越南諺語：「喜歡光亮的會靠近燈」，也就是物以類聚的意思。我們兩人在學校少有交集，但因為住得很近，只隔了幾間屋子，偶爾會在放學後一起散步回家，所以感情還算不錯。

後來友情升溫，關係變得更緊密是因為我們有了共同的秘密。我偷偷喜歡一個大哥哥，年紀大我們三四歲，他們家也住在附近，那個哥哥是在我們這群玩伴中帶頭的孩子王。我把心中對他的那份心意向她訴說，然後，她跟我分享了目睹我們老師跟隔壁班老師牽手逛街的經過，於是我們就慢慢變成交心的朋友了。

長大之後，我們相繼離開家去不同城市生活，因為分隔兩地，雖然還保持聯繫，可是無法經常相聚，一年只能見一兩次面，甚至還有隔更久的時候。

即便如此，我心目中認定最好的朋友還是她。這些年來，認識了不少人，很多女生會聚在一起，三天兩頭一同出去玩，我也會去，努力扮演跟她們感情很好的樣子。我相信她們也在努力演出，不過，大部分終究都是流於表面。尤其是在職場上認識的同事，大家是來工作的，不是來交朋友的，沒必要交惡，但也沒有好到能彼此交換秘密。

當然我也有幾個合得來、誠心交往的朋友，只是總會保持著友善的、適當的距離，不會像她那樣讓我什麼話都可以說、什麼形象都不必顧。

不少人會認為經常一起約出來吃飯、玩樂才是好朋友。我討厭那種要求朋友邀約必到的人，用肯不肯出席來衡量彼此的交情，「你不出現就不是朋友」我非常不喜歡有人用這種關係勒索的方式來往。有些朋友（為了方便概括，只好這樣稱呼他們，其實我心裡明白，那些人稱不上是朋友），再怎麼常見面，還是很難走進對方的內心，彼此說的都是場面話，只是虛委應付而已。這樣的相處十分耗損精神，有時比起工作還要累人，卻是我生活中最常見的社交狀態。

即便經常見面，卻讓人彷彿在面對客戶的應酬，那樣的關係不會是朋友。即便是久久才聚，依然會令人感到開心自在，那才是值得珍惜、能夠長久往來的朋友。

——那種需要小心呵護的情誼，不是共患共享的友情，更像是充滿壓力的束縛。

我明白自己是個怕麻煩的人，不想給人帶來麻煩，也不想委屈自己，所以盡可能減少與大家一起出去玩的機會。而與她相處是我喜歡的模式，從不擔心說話需要潤飾，不必時時黏在一起，不必說客套話，相處非常舒服。

對我而言，「自在、沒有壓力」是很重要的事，不只是維繫人際關係而已，在這個世界上，除了家人之外，就是與她相處時最自在了。

每次的相聚，通常都是她花了很多的時間來到我所居住的城市，我們總約在同一間咖啡廳，只因為她很喜歡吃這家店的甜點。每次見面，總可以聊上很久，畢竟久久才相聚一次，最近自己身邊發生了什麼事，我都會讓她知道。任何事都可以彼此分享，從以前到現在，無論是家庭、學校、課業、感情、工作與人際關係的現況，都會在見面時相互傾訴；或是，這段時間有什麼煩惱也會聽聽對方的意見，像是遇到討人厭的同學或同事、刁難的主管、生活的壓力、親情的束縛，還是跟另一半吵架之類的問題。

唯有在她面前，我才能把身上的苦悶、無奈與傷心，一件一件地慢慢脫下來，變回最初的自己再重新回到原來的生活。

今天我們照例點了咖啡與點心盤，以前會點雙層點心盤，但現在的我們顧慮身體狀態，已經懂得忌口，少吃甜食，便改點單層點心盤了。這間咖啡廳雖然已經是數十年的老店，不過，人氣並沒有隨著歲月流逝，即使是平日的下午，店內依舊有著滿滿的客人，坐在裡頭，品嚐著老味道，一杯老味道的咖啡，一份老味道的點心，與老朋友閒談一個下午。

現在我們聊的話題，已鮮少出現抱怨與發洩。或許是年長了，以前經歷的那些迷惘、寂寞、無奈或是混亂，都成了過往雲煙。雖然現在還是不時會遇到那些惱人問題，也還是會有身不由己、無能為力的狀態，只是我們變得習慣了，沒什麼好抱怨與計較的，反正任何事都有過去的時候。

一開始當然難免還是會聊聊近況，不過，最近幾次見面聊最多的，反而是我們之間的共同回憶。說話口音重到我們根本聽不懂、只好上課放空的小學老師；小時候暗戀的大哥哥帶領著大家跑進後山探險；兩個人偷摘鄰居芭樂，結果緊張到腿軟跌倒；或者是過年時玩鞭炮，不小心把她媽媽掛在屋內的衣服燒了一個洞的荒唐事。

還有太多太多開心、懷念與感嘆的青春記憶。比方說，我們一群小孩會在稻田休耕的農閒時間在田野中炕窯，然後抓起田裡的土，把彼此的臉塗得又黑又髒。比方說，好幾年前我們一起回鄉，散步到當年一起就讀的學校，發現早已不復原貌，甚至不再是學校，而是某個公家單位的辦公場所。比方說，以前班上有個跟我們還不錯的同學兼玩伴，個性開朗、體貼和善又品學兼優，搬家後失去了聯繫，後來聽說她在正值浪漫青春的年華，因為敗血症而結束了短暫的人生。

好友向來話少，從小到大的相處模式都是我嘰嘰喳喳地說得不停，而她在身邊傾聽、點頭、附和與回答。我們還有個口頭協議，就是我不能逼她去參加很多人的聚會，她也不能限制我要安靜三分鐘。不過，這幾年有感受到她一點點的改變，雖然還是容易害羞，但與人應對比起以前要有自信多了，聊天時也會主動開啟話題，像今天也是她起頭聊起很多往事的。任何人事物都會隨著時間而改變，只有回憶不會。今天她還聊到我當年結婚的糗事，以前覺得在朋友婚禮惡整新人很好玩，換到自己結婚時便得到了報應。那天被朋友們又鬧又勸地喝了很多酒，結果我醉到趴在新娘房的地板上昏睡，只留下新郎自己送客，還要尷尬地向賓客解釋新娘消失的原因。後來，當伴娘的她想請新郎送我回家時，卻發現新郎不見了，到處找不到人，只好請幾個朋友一起送我離開。最後才知道是我老公覺得新娘喝成那副德行實在太誇張，氣到把我丟下自己跑回家了。

我們也聊到她與初戀男友第一次約會的趣事，約會前一天，她雖然外表看起來正常，即使嘴上不說，但我早已感受到她的緊張，聊天時心不在焉、魂不守舍的。隔天約會結束，她非常懊悔地跟我說，與對方見面時居然緊張到一直反胃，後來受不了就跑去廁所吐，那種反胃的嘔吐非常不舒服，而且吐的時候還發出非常大的聲音。吐完之後，她帶著一臉慘容走出去，竟發現那個男生就站在外頭，什麼都聽見了，當下她真想回廁所把頭埋進馬桶裡。

我們聊得開心，離開咖啡廳時還帶著聊天時愉悅的餘韻，外頭是晴朗的好天氣，一片蒼藍的天空上，點綴著幾朵像是被撕成一片片棉花糖似的白雲。因為還有一些時間，我們便轉往去附近的公園晃晃。我們手挽著手，公園裡吹著舒適的微風，兩旁的椰子樹葉隨風搖曳，讓我回想起小時候兩人一起走在田埂上分食著烤地瓜的快樂時光。

「阿妹，我們這次也許是最後一次相見了呢。」好友突然對我說。

聽到她這麼說，我一時間會意不過來，待我明白她的意思後，便忍不住抱著她相擁而泣。她說的沒錯，這次有可能是最後一次相見了，我們都老了，轉眼都已經八十八歲了，已是暮景殘光。她在多年前跟著子女移民到國外，久久才能回來一次，加上我們兩人都老病纏身。我現在都需要看護阿桃的照顧才能出門，或許真的沒機會再見面了。

「沒關係，我們都要好好保重，無論在哪裡，有沒有見面，我們永遠都是好姐妹。」我不知該說什麼，只好說些安慰自己的話。但，實在沒什麼安慰的成效，我們兩人抱得更緊，哭得更慘，後來連陪在我們身邊的阿桃也忍不住跟著流下了眼淚。

——歲月漫長，如果有人一直陪伴你在時光的長河，靜靜看那水面波紋，該是多麼美好、值得欣喜的事。

每個階段都會有不同的朋友悄悄走進我們的生活，有的是求學認識，有的是興趣相投，有的是工作夥伴，還有的是透過遊玩相遇，無論是什麼樣的機緣相識，相處模式不一定相同，不必為了配合別人的步調而為難了自己，盡量用適合自己的相處模式交往，讓彼此都自在，情誼才會長久。

有些人只能陪我們短短一段，有些人你連面都不想見、更別說跟他走在一起，有些陪我們走了很長一段後不得不分道揚鑣，難免感傷，但既然無能為力，也只能盡量看淡，至少有緣彼此並肩走過一回。

人生看似漫長，時光卻是如流水般不斷逝去，或許你也有從小就交好的朋友，也許你也有無話不談的姐妹淘，或有情義相挺的好弟兄，但可能因為長大而各奔東西，或是因為細故而拉不下面子聯絡，要不就是各自成家而見面機會少了。不管你們現在是何種狀態，請珍惜彼此能夠相處的時光，真心相待的朋友值得花費時間，不要等到沒機會才感嘆與後悔。

廣結善緣，不是要你為了社交而委屈自己，更不要為了討好別人而沒了自己。真正的朋友，不會讓你在相處時感到不自在或有壓力，未必時常相聚，也不必非得表現出形影不離、親如手足，只要彼此心裡明白那人是了解自己、關心自己便足夠。如果問我什麼樣的感情才稱得上好友，我認為，情誼的珍貴就在於彼此的理解、真心與體諒。

謝謝

「我們都是經過數不清的跌跤，才終於學會了走路。你的伸手，能夠讓一個人有助力再站起；你的鼓勵，能夠讓一個人有勇氣再爬起。」

——

幾年前，因緣際會而認識一位算是特別的朋友，聽說她在富人圈是個傳奇，白手起家，社交手腕出色，廣結善緣，靠著投資房地產與股市累積了巨大的財富。此外，她還熱衷於慈善活動，不只是單純捐款，還會低調地參與義工活動，例如，走進偏鄉協助孩童教育、幫忙送餐到低收入家庭，或是在公益單位做一點庶務工作。平時遇到有困難的人也不吝於伸手援助。因為姓張，有些人便稱她為「張天使」。

第一次見面是在她公司的喬遷派對，位於市區精華地段的辦公室其實不大，但簡單大方，設計精巧，佈置得像是高級建案的樣品屋。每樣燈具、用品與傢俱都搭配用心，看得出主事者品味絕佳，讓人覺得能在這裡辦公真是幸福。帶我去的朋友說：「她賺錢的模式其實未必需要有辦公室，開公司只是方便她處理一些事務和稅務。」接著，還語帶含糊地小小聲說：「聽說有大企業老闆的金援，不然，一個單身女人怎麼有這種能耐？」

再次見面是在朋友的生日餐會，那天朋友在飯店席開十幾桌。其實，我跟壽星不太熟，那算是朋友的朋友，而且我也不太懂，明明是慶生會為何搞得像婚禮宴客。我不是喜歡熱鬧的人，若是人多的場合還會感到些許不自在，習慣待在角落靜靜地看著大家，假使沒有人來找我閒聊，我還會因此鬆了一口氣。

她坐在隔壁桌，本身就是個美人，加上打扮應時對景，讓她看起來更加出眾、泰然自若；而且與人交談態度得體，時而開懷大笑，時而低頭傾聽，遊走在各桌之間與人敬酒聊天。她走過來與我們攀談，居然還記得我的名字，這讓我非常驚訝，畢竟只有一面之緣，平時也沒有任何交集，果然是社交高手。我看著她與人有說有笑的模樣，不禁心生佩服，她確實擁有能夠在任何場合成為焦點的才能。

宴會結束，賓客陸續從會場魚貫而出。她走在我們前面，突然腳步踉蹌，蹲了下去，我與朋友連忙向前攙扶，原以為是酒喝多了，卻發現她的表情非常痛苦，右手緊按著腹部，應該是身體不舒服。她是獨自一人來參加餐會的，我們便趕緊將她送至附近的醫院檢查。

到了醫院的急診室，裡面有滿滿等待的病患，雖是急診，卻等了好一陣子。其實在等待檢查時，氣氛有點尷尬，畢竟我們雖然認識，卻不是很熟的朋友，一起坐在醫院裡候診有種說不出的異樣感。她的狀況忽好忽壞，一下痛得表情扭曲，一下又恢復正常，每次疼痛的時間不長，可是從她的表情能夠明白痛起來非常要命。她趁著不痛的空檔，虛弱卻又帶著客氣地感謝：「謝謝你們，你們真是好心的天使。」

「小事情，不必放在心上。」朋友回。

「妳才是天使啊，妳不知道他們都叫妳張天使嗎？」我開玩笑地說。

「我知道啊，但說不定在暗諷我是『髒髒的』天使吧？」她苦笑著。

因為與她不太熟，聽到這樣的回答，不知道該怎麼接話才恰當，只好暫時擱置。換個話題，我問：「之前有這樣痛過嗎？」

「沒有。」她輕輕搖頭，接著笑說：「倒是心痛過好幾次。」我們都被她逗笑了。

「有過心痛，我們才會領悟、才會長大、才會懂得如何避開傷痛。」我說。

「確實是啊。」她回。然後，馬上面露痛苦地說：「但是，腹痛避不了。」看樣子疼痛又來了。

醫生診斷是泌尿結石，後來是安排用體外震碎的手術治療。手術結束的幾天後，為了表示謝意，她約了我們兩人吃飯。

那天是在她的豪宅裡用餐，她找來法式餐廳主廚掌廚，有專人服侍用餐，餐後還有甜點師精心製作的甜點。第一次見識到那種陣仗，有錢人的生活實在難以想像，真是大開眼界。在開闊有質感的室內，角落有成堆的紙箱，從一進門就引起我的注意，因為那些紙箱在這間品味優雅的豪宅中顯得突兀，大大小小尺寸不一的紙箱應該是要放在倉庫裡的，怎麼會大量堆疊在客廳？趁著用完餐喝咖啡閒聊時，我忍不住開口問她那些紙箱是什麼用途。

「那是不同公益團體製作的義賣產品，我買回來後再慢慢分送給朋友。不好意思，放在那裡有點亂。」她帶著跟這屋子一樣優良質感的微笑說。

聚餐結束後，臨走前她送給我們身心障礙者手作的蛋捲禮盒與烘培咖啡豆。之後與她慢慢熟識，偶爾會相約吃飯或下午茶，聽她聊聊最近參與公益工作的經歷與感想，透過她述說的那些故事，讓我體認到這個世界在自己沒看到的地方還有許多苦難。同時，也有很多人正努力幫助那些苦難，只是目前送到的溫暖仍然遠遠不夠。我們也跟著她一起參與義工活動兩次，一次是送餐給獨居老人，另一次則是去公益團體整理發票對獎。後來她又約我做義工，那次是去關懷憂鬱症的單位幫忙接聽電話與整理文件資料。

我對於她如此熱衷於行善，捐助大筆善款又積極參與關懷弱勢和公益工作的背後動機感到好奇，便在整理文件時順勢詢問：「大家都說妳是天使，我認識妳後，發現他們說的沒錯。妳會這麼投入做公益事務，肯定有什麼緣故或動機，方便告訴我嗎？」

她露出靦腆的微笑，繼續反覆將印好捐款人地址的標籤貼紙貼在信封，等了好一陣子，久到我以為自己問了不該問的問題，她才突然開口說：「我的心曾經病得嚴重，我的人生是這個世界救回來的，現在的我只是在表示感謝而已。」並緩緩說出她剛踏入社會不久時的往事。

——如果有餘力行善，代表你是幸運的、有能力的人，不妨讓這個世界變得更美好，也是對於自己有能力付出而感到謙卑。

從學校畢業後，她離開故鄉到都市尋找自己的未來，在一間販售日韓服飾雜貨的店裡當門市人員，因為自認開朗，有親和力，又喜歡打扮，與這份工作十分契合，做起來也算得心應手。老闆娘經常不在，店裡除了她，還有另一個長她三歲的同事小芬，她都稱呼「小芬姐」。小芬姐好相處，只是工作態度不太好，客人上門時不會主動招呼，上廁所或買飲料也總是出去很久。她的男朋友經常來探班，是個長相英俊、很會逗人開心的人，她有時跟男友溜出去，一晃就是一兩個小時才回來。

雖然工作態度讓人無法恭維，私底下小芬姐對待她倒是滿不錯的，知道她是自己一個人來都市工作，在這裡沒什麼朋友，因此，小芬姐經常約她下班後跟男友一起出去玩。有時是去酒吧抽水煙，有時去KTV唱通宵，有時是跟朋友打麻將，有時是一大票人夜騎跑山兜風。青春正盛，年輕時有的是體力可以揮霍。有一次，玩得晚了，小芬姐請男友騎車送她回家，他們一路上有說有笑的，聊得開心，她注意到那男生騎車的車速比平時慢很多，幾乎每個紅綠燈都停，似乎是想藉此拉長彼此相處的時間。那是兩人第一次距離那麼近，她的心也忍不住多靠近了一些。她感到怦然心動，卻同時糾結與痛苦，因為那人是小芬姐的男友，可是情意一旦滋生，如同汩汩流水，想要壓抑何其困難。他熟稔地編織出一張溫柔甜蜜的情網，她很快深陷其中，沒有多久就束手就擒，把自己的心交了出去。

男人告訴她：「我想離開小芬，但給我一點時間。」她相信愛是值得等待的。

他還告訴她：「妳不要跟小芬一起工作了，這樣比較不會尷尬，妳可以另外找到更好的工作。」她相信他是為了彼此好。

他又告訴她：「我正準備考研究所，妳可以先借我補習費嗎？我之後賺錢一定會還妳。」她相信愛就是該付出不必計較。

於是，她換了工作，與小芬斷了連絡，借錢給那個人花用，甚至還貸款買車給他，然後安靜等待只屬於自己獨享的愛來臨。

等待是應該的，配合是應該的、付出也是應該的，這是許多人對於愛情的價值觀。這樣的觀念是對的，只是愛容易讓人喪失判斷力，忘了任何等待、配合與付出都該有底線，卻在不知不覺中，把自己的生活過得只剩下犧牲、壓抑與委屈。

自以為呵護的是愛情，其實緊守的是一種悲情。

剛開始，他們天天見面，慢慢變成兩三天一次，後來一星期也未必能見到面。打電話給他，若沒接起原本是等他方便時就會回電，從要等兩三小時，要等到隔天，最後則是不接不回。他消失了，她開始不知所措，思緒越來越亂，她想去找小芬，心想是不是被發現他們在交往，因為小芬的阻撓，男友才沒有再來找她。

結果是小芬先打電話給她的，哭哭啼啼地說要她把男友還回去。原來小芬早已發現他們在交往，只不過沒有拆穿而已。那男生突然好一陣子沒出現，小芬先去他的租屋處找人，發現已人去樓空，其實他也跟小芬拿了不少錢。那通電話最後成了她在安慰小芬，可是，又有誰來安慰自己呢？

那陣子她過得像行屍走肉，錢被拿走了，心也被帶走了。沒多久，她連班都不能去上了，之前她為了給那人花用，向銀行貸款又欠了卡債，她無力償還，利息再滾利息，銀行已經催繳催到連她老闆都知道了。她不敢去上班，更不敢接電話，躲在屋裡一直睡，只有睡著時才能離開現實，醒著便以淚洗面。原本懷抱著希望來到這裡，結果得到的卻只有失望，打算乾脆離開傷心地回到家鄉過日子，沒料到壞事接二連三地來，與她相依為命的爸爸在工作時發生意外過世，一連串的打擊，讓她對人生從失望瞬間成了絕望。

「那時，對於人生，我除了絕望，想不到其他詞，就是非常絕望、萬念俱灰。我本來以為自己是個樂觀開朗的人，現在回想起來難以置信，那時候真的想死。確確實實想要一了百了。」她淡然地說。

她將爸爸養的狗託付給了鄰居，然後回到租屋處把東西全都清掉，心想這樣自殺就不會造成任何人的困擾了。

把租屋的物品清空那天，經過以前很常光顧的早餐店，感到十分懷念。她走進店裡，總是精神飽滿的老闆娘向她熱情打招呼：「小美女，好久沒看到妳了哦！」她點了愛吃的起司培根蛋餅，還有老闆娘堅持不讓客人調整甜度的濃厚奶茶。吃了幾口蛋餅，再喝了一口奶茶，不知道是懷念的感動，還是悲苦的感傷，她忍不住熱淚盈眶，開始啜泣起來，然後一發不可收拾。

她哭了好一會兒，老闆娘走了過來，一句話也沒說，遞一疊餐巾紙過來，她伸手接過，點頭表示感謝，發現上面有一張小小的便條紙寫著：「美女，雖然不清楚妳發生了什麼，不過，誰的人生不會遇到幾件狗屁事呢，只要明天還能吃飯和大便，日子都能過下去。今天吃的，算阿姨的！」

她搭高速巴士回家，到達車站後，想說還是慢慢散步回家吧。走到住家巷口，眼前出現了熟悉的身影，是從國中就認識至今的好朋友。「還好妳回來了，我正要回去，剛才在妳家門口等很久呢！」好朋友一臉慶幸，張開雙臂，像是在歡迎她回家，溫柔地擁抱她，好友的身體暖暖的、軟軟的，抱著好久好久，彷彿擔心一鬆開手她就會飛走似的那樣緊抱著，她感到自己從原本不踏實的虛無，逐漸被拉回到現實生活，活著的感覺一點一點地回來了。好友輕拍她的背，好像在用這個小小動作表示：「沒關係的，有人會陪著妳，一切都會沒事的」。

「在那天起，我便希望自己可以成為一個給予他人溫暖的人。」說完故事，她放下手上一整疊信封，對我溫柔一笑。

想通後，她明白要走出現狀，唯有自救才行。自己必須先變得勇敢，即使想要給人溫暖，也必須讓自己先變得強大。她打電話與銀行協商，分期償還債務，並決定轉行從事房屋仲介的業務員，因為她需要錢，而這份工作只要認真努力就有機會賺取高額獎金，只要有手腕，又懂得經營，就有機會擴展人脈。因為那段人生的轉折，如今讓她成為富人圈的傳奇。

「或許，對他們來說只是微不足道的事，但對我而言卻是大大的感動，因為他們才有現在的我，我必須好好感謝。」她說。

——每天說一句溫暖的話，做一件溫暖的事，即便是多麼冷酷的世界，也會被我們摀熱的。

打遊戲不可能一直都贏，更何況是人生。海不可能沒有波濤起伏，人生也不可能沒有挫折哀傷。假使沒有，那也是一灘死水。我們出生在這個世上，就是為了面對這個世界，為了傾聽這個世界，為了珍惜這個世界。就算最後我們沒有成為什麼，或還沒有成為什麼，都有繼續活下去的意義。

千萬不要小看自己行動所帶來的影響，也許只是一個微小的動作、簡單的一句問候，就足以改變某人的一輩子。我們每一個動作、每一句話也可能傷害了誰，或是拯救了誰，試著讓自己多說好話、多做好事，讓自己成為使社會更美好的一股力量。

每個人都該擁有一個目標，不必是多遠大的夢想，目標會給予你一個勇敢的理由。心若沒有努力的方向，怎麼走都像在飄泊。

如果可以，成為一個天使，即使是髒髒的天使又無妨。

別在走遠後才想起說再見

作　　者　阿飛 a-fei
發 行 人　林隆奮 Frank Lin
社　　長　蘇國林 Green Su

出版團隊
總 編 輯　葉怡慧 Carol Yeh
企劃編輯　鄭世佳 Josephine Cheng
封面設計　木木 LIN
版面構成　譚思敏 Emma Tan

行銷統籌
業務處長　吳宗庭 Tim Wu
業務主任　蘇倍生 Benson Su
業務專員　鍾依娟 Irina Chung
業務秘書　陳曉琪 Angel Chen
　　　　　莊皓雯 Gia Chuang
行銷主任　朱韻淑 Vina Ju

發行公司　精誠資訊股份有限公司
　　　　　悅知文化
　　　　　105台北市松山區復興北路99號12樓
訂購專線　(02) 2719-8811
訂購傳真　(02) 2719-7980
專屬網址　http://www.delightpress.com.tw
悅知客服　cs@delightpress.com.tw
ISBN：978-986-510-005-6
建議售價　新台幣350元
首版一刷　2019年05月
　六刷　2021年08月

國家圖書館出版品預行編目資料

別在走遠後才想起說再見／阿飛 著. -- 初版. -- 臺北市：精誠資訊, 2019.05
面；　公分
ISBN 978-986-510-005-6（平裝）
1.人生哲學 2.生活指導
857.63　　107020242

建議分類｜心理勵志